Margit Dietz

45 Vertretungsstunden Deutsch

Die Autorin

Margit Dietz ist Gymnasiallehrerin für die Fächer Deutsch und Englisch und hat langjährige Unterrichtserfahrung in den Jahrgangsstufen 5 bis 13.

Margit Dietz

45 Vertretungsstunden Deutsch

für die Klassen 5–10

Cornelsen

Bitte vergrößern Sie die Kopiervorlagen mit 141%. Sie erhalten dann eine DIN-A4-Seite.

Projektleitung: Dorothee Weylandt, Berlin
Redaktion: Barbara Holzwarth, München
Herstellung: Brigitte Bredow/Regina Meiser, Berlin
Satz/Layout: FROMM MediaDesign, Selters/Ts.
Umschlaggestaltung: Magdalene Krumbeck, Wuppertal
Illustrationen: Oliver Sasse, Celle

www.cornelsen.de

4. Auflage, 2. Druck 2020

Druck: H. Heenemann, Berlin

ISBN 978-3-589-23247-5

PEFC
PEFC/04-31-1156

PEFC zertifiziert
Dieses Produkt stammt aus nachhaltig bewirtschafteten Wäldern und kontrollierten Quellen.

www.pefc.de

Inhalt

Vorwort – Hinweise für den Nutzer

Häufig müssen Lehrkräfte die Klassen von erkrankten oder abwesenden Kollegen übernehmen. Dies ist eine zusätzliche Belastung und für viele daher eine unangenehme Pflicht. Oft gilt es vor allem, zwei Probleme in den Griff zu bekommen: den zusätzlichen Zeitaufwand gering zu halten und die Stunde mit sinnvollen Inhalten zu füllen. Bei beiden Problemen wollen Ihnen die „45 Vertretungsstunden Deutsch" helfen.

Das Buch beinhaltet jeweils 15 Stundenkonzepte für die Jahrgangsstufen 5 / 6, 7 / 8 und 9 / 10, wobei in jedem Doppeljahrgang alle Lernbereiche des Faches Deutsch abgedeckt werden, wie sie in den „Bildungsstandards im Fach Deutsch für den Mittleren Schulabschluss" (Beschluss der Kultusministerkonferenz vom 04.12.2003) definiert werden. Es gibt Stunden mit überwiegend schriftlichen Abläufen, andere betonen eher das Sprechen und Zuhören. Manche Konzepte dienen vor allem der Wiederholung und dem Üben von Inhalten, andere setzen kreative Schwerpunkte, für die es im regulären Unterricht oft kaum Platz gibt. Es ist somit für jede Klasse zu jedem Zeitpunkt im Schuljahr etwas dabei, das Sie auch ohne vorherige Rücksprache mit dem zu vertretenden Kollegen oder dem Deutschlehrer der Klasse einsetzen können.

Sie finden in der vorliegenden Sammlung Stunden ohne Kopiervorlage, die außer der Durchsicht des Konzepts meist keine Vorbereitung erfordern, die Sie also sehr spontan einsetzen können, wenn ein Kollege überraschend ausfällt. Viele Konzepte sind mit geringem Vorlauf (Vervielfältigen der Kopiervorlage) durchführbar. Einige wenige, in denen z. B. ein Film verwendet wird, sind vermutlich nur einsetzbar, wenn bereits mindestens einen Tag vorher bekannt ist, dass Sie für einen Kollegen einspringen müssen. Der „Überblick: nötige Vorbereitung, verwendete Materialien" (S. 12) kann als erste Antwort auf Fragen der Machbarkeit dienen, bevor Sie sich einem konkreten Stundenkonzept zuwenden.

In der kurzen Vorinformation zu den einzelnen Stundenkonzepten erfahren Sie neben dem Titel und den Jahrgangsstufen, welche Unterrichtsziele primär verfolgt werden, welche Sozialformen zum Einsatz kommen und welchem Kompetenzbereich die Stunde hauptsächlich zuzuordnen ist (siehe auch die Kompetenztabelle, S. 11). Zudem erhalten Sie detailliert Auskunft darüber, welche Vorbereitung Sie leisten müssen und welche Unterrichtsmaterialien benötigt werden (siehe dazu auch „Überblick: nötige Vorbereitung, verwendete Materialien", S. 12). So können Sie schon auf einen Blick entscheiden, ob eine Stunde für Ihre Zwecke geeignet ist oder nicht.

Die Stunden sind im Wesentlichen nach dem folgenden Muster aufgebaut:

- Hinführung: Der erste Arbeitsschritt führt zum Hauptgegenstand der Stunde hin, sodass eine trockene Ankündigung des Stundenthemas vermieden werden kann.
- Hauptphase: In mehreren Arbeitsschritten beschäftigen sich die Schüler mit den Inhalten.

- Ergebnissicherung / Präsentation: Ergebnisse der Erarbeitung werden besprochen oder vorgestellt.
- Mögliche Anschlussaktivitäten: Diese Vorschläge können Sie nutzen, wenn Sie einen der vorhergehenden Arbeitsschritte weglassen möchten oder wenn die Schüler die Aufgaben der Hauptphase schneller als erwartet erledigt haben.
- Alternativen: Die Abwandlungen sind ein Angebot, wie Sie die Stundenkonzepte Ihren konkreten Bedürfnissen anpassen können (z. B. eine besonders große Lerngruppe, Zeitrahmen geringer als 45 Minuten).
- Kopiervorlagen
- Lösungen und Lösungsvorschläge: Zum Teil schließen sich die ausführlichen Lösungen und Lösungsvorschläge den Kopiervorlagen an. Weniger umfangreiche Lösungen finden sich auch in die Stundenkonzepte integriert (in eckigen Klammern).

Arbeitsaufträge, von der Lehrkraft zu stellende Fragen und mögliche Tafelanschriften sind durchgehend kursiv gesetzt. Erwartungshorizonte (vor allem zu erwartende Antworten im Unterrichtsgespräch) stehen wie die Lösungen in eckigen Klammern. Die Kastenelemente innerhalb der Stundenkonzepte dienen verschiedenen Zwecken:

- Die grau unterlegten Kästen enthalten Hinweise und Tipps, die für die Gestaltung der Stunde wichtig sein können: Worauf ist zu achten? Wie kann man Probleme vermeiden? Worauf sollte man die Schüler hinweisen?
- Die Kästen mit grauer Außenlinie verweisen auf Tafelanschriften.

Es bleibt zu hoffen, dass Ihnen das vorliegende Buch hilft, den Arbeitsaufwand für Vertretungsstunden ein wenig zu reduzieren. Vielleicht eignet sich das eine oder andere Konzept ja auch zum Einsatz im regulären Unterricht – zur Wiederholung oder als Ergänzung zu einer Unterrichtseinheit.

Tipps und Tricks (nicht nur) für Vertretungsstunden

Für erfahrene Lehrkräfte bedeuten die folgenden Tipps vermutlich nicht viel Neues, sondern beinhalten größtenteils Dinge, die von den meisten Lehrern als selbstverständlich angesehen werden. An dieser Stelle sollen sie trotzdem noch einmal in Erinnerung gerufen werden.

Allgemeine Tipps

- Viele Schüler wissen die Abwechslung, die eine Vertretungsstunde und eine andere Lehrkraft als üblich bieten können, durchaus zu schätzen. Vielleicht kann man eine Vertretungsstunde daher auch als Gelegenheit begreifen, seine **„Visitenkarte“** bei den Schülern abzugeben. Ihren möglichen Unmut über die zusätzliche Arbeitsbelastung sollten Sie die Schüler in keinem Fall spüren lassen.
- Begegnen Sie einer Ihnen unbekannten Klasse unvoreingenommen, aber stellen Sie dennoch von Beginn an eine **konzentrierte Arbeitsatmosphäre** her. Lassen Sie vor allem keinen Zweifel daran, dass Sie als Lehrkraft über den Verlauf der Stunde entscheiden, nicht die Klasse.
- Um Unmut bei den Schülern gleich zu Beginn der Stunde zu vermeiden, verzichten Sie auf Ankündigungen wie „Wir befassen uns heute mit …“, sondern wählen einen **Einstieg**, der inhaltlich zum Stundenthema hinführt (siehe Vorschläge in den Stundenkonzepten).
- Nutzen Sie einen in der Klasse (hoffentlich) vorhandenen **Sitzplan**, um die Schüler mit Namen ansprechen zu können. Das ist persönlicher und unkomplizierter und bei evtl. nötigen Ermahnungen auch wirkungsvoller als „du da“.
- Vor allem jüngere Schüler sehen eine Vertretungsstunde manchmal als Gelegenheit, an einem anderen Platz zu sitzen. Um unnötige Unruhe zu vermeiden, sollte jedoch die in der Klasse **übliche Sitzordnung** beibehalten werden.
- Planen Sie für die Stunde eine Gruppenarbeitsphase, so können Sie die **Einteilung der Gruppen** zügig selbst vornehmen, auch wenn Sie das soziale Gefüge in der Klasse nicht kennen. Wollen Sie die Gruppenbildung den Schülern überlassen, sollte ein Zeitlimit (maximal drei Minuten) dafür festgesetzt (und eingehalten!) werden, damit nicht zu viel Unruhe entsteht.
- Sollten die Schüler im Unterrichtsgespräch insgesamt zu unruhig und unaufmerksam sein, empfiehlt es sich, auf **schriftliche Abläufe** auszuweichen – sofern der Stundenverlauf es zulässt. Dies muss nicht den Charakter einer Bestrafung haben, sondern wirkt auf die Schüler im Idealfall, als wäre es so geplant gewesen.
- Wenn Sie im Lehrerzimmer oder in Ihrem Klassenzimmer die Möglichkeit dazu haben, lagern Sie dort einige **Materialien** wie Klebestreifen oder Magnete, um immer schnell darauf zurückgreifen zu können, wie z. B. zur Präsentation von Ergebnissen einer Arbeitsphase, für ein Laufdiktat o. Ä. (vgl. z. B. Stundenkonzept 19).

Fachspezifische Tipps

- Es wäre hilfreich, wenn Ihre Schule über mehrere **Klassensätze an Wörterbüchern** verfügen würde. Der Umgang mit einem Nachschlagewerk bereitet Schülern oft Schwierigkeiten und kann gut in Vertretungsstunden (siehe Stundenkonzepte 9, 10, 24 und 39) geübt werden. Vielleicht können Sie an Ihrer Schule die Anschaffung von Wörterbüchern im Klassensatz anregen, falls bisher keine oder zu wenige vorhanden sind.
- Wenn Sie die Möglichkeit haben, lagern Sie in der Schule immer einen kleinen Stapel (10 bis 15 Exemplare) nicht zu alter **Tageszeitungen**, **Nachrichtenmagazine** oder **Wochenzeitungen** (siehe Stundenkonzept 29), die sie jederzeit problemlos einsetzen können.
- Nutzen Sie in einer Vertretungsstunde eine evtl. vorhandene **Klassenbibliothek**. Vor allem untere Jahrgangsstufen haben oft eine eigene Klassenbücherei eingerichtet. Wenn Sie wissen, dass dies in der Klasse, die Sie übernehmen müssen, der Fall ist, können Sie damit problemlos eine Vertretungsstunde bestreiten: Die Schüler wählen je ein Buch aus, lesen ca. 15 Minuten lang und entwerfen drei Quizfragen a bis c zum Inhalt des Textes. Im anschließenden Quiz stellt jeder Schüler seine Fragen und die Mitschüler schreiben ihre Antworten auf. Wer die richtige Lösung hat, bekommt einen Punkt, abschließend wird der Klassensieger ermittelt.
- In der Klassenstufe 5 lässt sich in einer Vertretungsstunde auch gut ein **Laufdiktat** einsetzen: Sie machen ca. 20 Kopien von einem geeigneten Diktattext, hängen zehn davon an verschiedenen Stellen im Klassenzimmer auf, und die Schüler müssen den Text möglichst richtig in ihr Heft übertragen, indem sie ihn sich in kleinen Portionen merken und immer wieder zu ihrem Platz zurücklaufen, um das jeweilige Textstück aufzuschreiben. Wer fertig ist, bekommt entweder ein Lösungsblatt zur Selbstkontrolle oder lässt sein Diktat von der Lehrkraft korrigieren.
- Falls die Schüler ein Lesebuch dabeihaben (oder falls Sie schnellen Zugriff auf mindestens einen halben Klassensatz Lesebücher haben), können Sie ohne Vorbereitung einen auch Ihnen unbekannten **Erzähltext** mit der Klasse lesen: Die Schüler suchen im Inhaltsverzeichnis drei Titel aus, die sie interessant finden. Die Klasse stimmt ab, welcher Text gelesen wird. Nach dem Vorlesen des Textes werden zunächst im Unterrichtsgespräch die Fragen *Wer? Wann? Wo? Was? Wie? Warum? Mit welchem Ergebnis?* geklärt. Anschließend schreiben die Schüler in Einzelarbeit die Antworten zu folgenden Fragen auf: *Was hat mir an dem Text gefallen? Warum? – Was hat mich weniger angesprochen? Warum?* Die Wertungen der Schüler werden dann vorgestellt und diskutiert.

Überblick: Kompetenzbereiche

Die folgende Übersicht lässt auf einen Blick erkennen, mit welcher Vertretungsstunde welche Kompetenzen schwerpunktmäßig gefördert werden können.

Die Benennung der Kompetenzbereiche sowie die Erläuterungen in der zweiten Spalte orientieren sich an den „Bildungsstandards für den Mittleren Schulabschluss im Fach Deutsch“ (Beschluss der Kultusministerkonferenz vom 04.12.2003).

Kompetenzbereich	Erläuterungen zu den Kompetenzbereichen	als Schwerpunkt in Stunde
Sprache und Sprachgebrauch untersuchen	fachliche Kenntnisse erwerben und anwenden	6, 8, 9, 10, 19, 23, 24, 30, 36, 38
	über Verwendung von Sprache nachdenken und sie als System verstehen	7, 19, 20, 21, 22, 23, 24, 30, 35, 36, 37, 39
	Methoden und Arbeitstechniken	9, 10, 24, 39
Sprechen und Zuhören	mit anderen sprechen	3, 12, 17, 25, 31
	zu / vor anderen sprechen, Hörverstehen entwickeln	1, 2, 3, 4, 5, 12, 16, 17, 18, 25, 29, 31, 32, 33, 34, 42, 43
Schreiben	reflektierend schreiben	23, 38, 41
	kommunikativ / gestalterisch schreiben	4, 5, 12, 15, 17, 25, 26, 30, 34, 37, 42, 44, 45
Lesen – mit Texten und Medien umgehen	Lesen – Texte und Medien verstehen und nutzen	2, 6, 11, 12, 13, 16, 18, 25, 26, 27, 29, 32, 33, 35, 40, 41, 42, 43, 44, 45
	Kenntnisse über Literatur erwerben	11, 12, 14, 28, 43
	Arbeitstechniken und Methoden	13, 40

Überblick: nötige Vorbereitung, verwendete Materialien

Die Tabelle gibt Ihnen einen Überblick darüber, welche Vorbereitung für die einzelnen Stunden nötig ist und welche Materialien (neben Tafel und Kreide sowie Schülerheften oder Notizpapier) vorgesehen sind.

	Stunde	Kopiervorlage(n)	Sonstiges (Material, Vorbereitung, Bemerkungen)
Klassenstufe 5 / 6	1		
	2	✓	
	3		
	4	✓	
	5	✓	
	6	✓	
	7	✓	
	8		
	9	✓	Wörterbücher (mindestens ein Exemplar pro Schülerpaar)
	10	✓	Wörterbücher (mindestens ein Exemplar pro Schülerpaar)
	11	✓	
	12	✓	
	13	✓	
	14	✓	
	15		
Klassenstufe 7 / 8	16	✓	
	17	✓	
	18	✓	
	19	✓	Kopiervorlage vergrößern und in Karten zerschneiden; Magnete oder Klebestreifen zum Befestigen der Karten an der Tafel
	20		
	21		
	22	✓	
	23	✓	
	24	✓	Wörterbücher (mindestens ein Exemplar pro Schülerpaar)
	25		DVD sowie DVD-Player und Fernsehgerät oder Beamer zum Zeigen eines Filmausschnitts
	26		DVD sowie DVD-Player und Fernsehgerät oder Beamer zum Zeigen eines Filmausschnitts
	27	✓	
	28	✓	
	29		mindestens zehn Tageszeitungen, Nachrichtenmagazine oder Wochenzeitungen (ein Exemplar für jeweils zwei, maximal drei Schüler)
	30	✓	
Klassenstufe 9 / 10	31	✓	
	32	✓	
	33	✓	
	34	✓	
	35	✓	
	36	✓	
	37	✓	
	38	✓	
	39	✓	Wörterbücher (mindestens ein Exemplar pro Schülerpaar)
	40	✓	
	41	✓	
	42	✓	
	43	✓	
	44	✓	
	45	✓	

Heute – gestern – morgen: Über sich und seine Pläne sprechen

1

Ziel / Leitidee	adressatengerecht über Erlebnisse, Vorlieben, Pläne, Wünsche informieren
Klassenstufe	5 / 6
Vorbereitung / Material	Tafel, Kreide; je Schüler ein Blatt Papier (oder Schülerhefte)
Sozialform	gesamte Klasse, Einzelarbeit
Kompetenzbereich	Sprechen und Zuhören

Hinführung Zu Beginn der Stunde stehen alle Schüler auf. Setzen darf sich wieder, wer **einen Satz** über sich selbst gesagt hat: Name, Alter, Geburtstag, Wohnort, Eltern, Geschwister, Freunde, Haustiere, Sport, Musik, Lieblingsfach, Stärken, Schwächen, Lieblingsessen usw. Damit es nicht zu eintönig wird, darf ein Thema nur einmal gewählt werden. Hat also jemand über seinen Hund gesprochen, ist das Thema „Haustiere" für alle anderen tabu. Gegebenenfalls muss die Lehrkraft einzelnen Schülern Tipps zu möglichen Themen geben.

Hauptphase Nach diesen kurzen Statements werden die Schüler aufgefordert, **ausführlichere Aussagen** (von ein bis zwei Minuten Länge) über sich vorzubereiten. Dabei sollen sie folgende Struktur übernehmen, die die Lehrkraft an der Tafel skizziert:

„Heute": *über die Gegenwart sprechen, z. B. sich vorstellen, über eigene Stärken und Interessen sprechen*

„Gestern": *über die Vergangenheit sprechen, z. B. von einem schönen Erlebnis erzählen*

„Morgen": *über die Zukunft sprechen, z. B. Pläne für die Ferien, Berufswünsche*

Die Schüler haben nun acht Minuten Zeit, um ihren Kurzvortrag vorzubereiten (**Stichpunkte**).

Tipp: Es empfiehlt sich unter Umständen, mit den Schülern kurz zu wiederholen, was einen guten Vortrag ausmacht: angemessene Lautstärke, passendes Sprechtempo, sinnvolle Pausen, Blickkontakt zu den Zuhörern usw.

Ergebnissicherung / Präsentation Möglichst viele Schüler präsentieren der Klasse ihre **Kurzvorträge**. Entweder die Lehrkraft oder die Mitschüler geben dem Vortragenden ein kurzes **Feedback** darüber, was an der Vortragsweise gut und war und was noch verbessert werden könnte.

Alternativen Für große Lerngruppen kann man den **Arbeitsauftrag reduzieren** auf „Heute und morgen" oder nur „Morgen", damit mehr Schüler die Gelegenheit zum Kurzvortrag bekommen.

2 Ein Problem lösen: Was machen wir mit dem Schwein?

Ziel / Leitidee	Textverständnis herstellen, Lösungswege für ein Problem finden, Argumente vortragen
Klassenstufe	5 / 6
Vorbereitung / Material	Kopiervorlage in Klassenstärke / Tafel, Kreide
Sozialform	gesamte Klasse, Einzelarbeit (bzw. Partner- / Gruppenarbeit)
Kompetenzbereich	Lesen – mit Texten umgehen, Sprechen und Zuhören

Hinführung Der Text aus dem Jugendbuch *Rennschwein Rudi Rüssel* von Uwe Timm wird vorgelesen; evtl. müssen Wörter (*Podium*, *Tombola*) erklärt werden. Anschließend wird das **Grobverständnis** des Textes überprüft:

- *Was erfahren wir über den Ich-Erzähler und seine Familie?*
- *Wie kommt Zuppi zu dem Schwein?*
- *Was verlangt der Vater von Zuppi? Warum?*

Hauptphase Der letzte Satz des Textausschnitts lautet „Wir können das Tier doch nicht mitnehmen.“ (Z. 42). Im Unterrichtsgespräch werden die **Gründe gesammelt**, die – aus der Sicht des Vaters – dafürsprechen, das Tier zurückzugeben. Die Lehrkraft notiert sie an der Tafel:

- *Ein Schwein kann man nicht in der Wohnung halten, es braucht einen Stall.*
- *Dieses Tier wird noch viel größer.*
- *Schweine machen Dreck.*
- *Wir verstehen nichts von der Schweinehaltung.*
- *Jemand muss sich um das Tier kümmern.*
- *Es kostet Geld.*

Ergebnissicherung / Präsentation Die Schüler erhalten folgenden **Arbeitsauftrag (in Stillarbeit)**: *Versetze dich in Zuppis Lage und versuche, die Eltern davon zu überzeugen, das Ferkel zu behalten. Notiere Stichpunkte auf der Rückseite des Textblattes. Dazu hast du fünf Minuten Zeit. Trage deine Begründung anschließend in der Klasse vor.*

Mögliche Anschlussaktivitäten Nach jeweils fünf bis sechs Begründungen kann man die Klasse darüber beraten und **abstimmen** lassen, welche Begründung die beste war.

Alternativen Für eine Partner- oder Gruppenarbeit lässt sich die Aufgabe auf die Rollen anderer Familienmitglieder ausweiten: *Versetzt euch in die Lage von Zuppi, des Ich-Erzählers, von Vater und Mutter. Diskutiert, was mit dem Ferkel geschehen soll. Notiert Stichpunkte auf der Rückseite des Textblattes. Zeit: fünf Minuten. Tragt eure Diskussion dann in der Klasse vor.*

Name: Klasse: Datum:

Uwe Timm: *Rennschwein Rudi Rüssel* (aus dem 1. Kapitel)

Wir haben zu Hause ein Schwein. Ich meine damit nicht meine kleine Schwester, sondern ein richtiges Schwein, das auf den Namen Rudi Rüssel hört. Wie wir zu dem Schwein gekommen sind? Das ist eine lange Geschichte.

Zwei Jahre ist das her, da fuhren wir an einem Sonntag aufs Land. Wir, das sind meine Mutter, mein Vater, meine Schwester Betti, die nur ein Jahr jünger ist als ich, und Zuppi, meine kleine Schwester. Wir fuhren in die Lüneburger Heide und dann begann das, was wir Kinder überhaupt nicht mögen – es wurde gewandert. [...]

Endlich kamen wir nach Hörpel, einem kleinen Dorf. In einem Gasthof wurde gerade ein Fest gefeiert. Die Dorffeuerwehr hatte ihr 50-jähriges Jubiläum. Unter den Kastanienbäumen saßen die Leute an langen Holztischen, tranken Bier und aßen Bratwürstchen. Auf einem Podium spielte eine Blaskapelle. Wir konnten uns endlich hinsetzen und bekamen unsere Limo.

Irgendwann hörte die Kapelle auf zu spielen und ein Mann in Feuerwehruniform ging ans Mikrofon und sagte: „Jetzt beginnt unsere Tombola. Jeder, der ein Los kauft, hilft damit, dass wir uns einen neuen Hochdruckschlauch kaufen können. Es gibt viele kleine und einen sehr nahrhaften Hauptpreis."

Dann kam ein Mann an unseren Tisch mit einem kleinen Eimer in der Hand und darin waren die Lose. Jeder von uns durfte sich eins kaufen. Mein Los war eine Niete. Betti bekam einen Trostpreis, einen Fahrradwimpel mit der Aufschrift: Freiwillige Feuerwehr Hörpel. Zuppi zog eine rote Nummer. Als die Lose verkauft waren, rannte sie damit nach vorn, zum Podium.

Der Feuerwehrmann ließ sich das Los zeigen und rief: „Die Nummer 33! Hier ist die Gewinnerin des Hauptpreises! Wie alt bist du?"

„Sechs."

„Gehst du schon zur Schule?"

„Nein. Ich bin erst vor zwei Wochen sechs geworden."

„Weißt du, was du gewonnen hast?"

„Nein."

„Du hast Schwein. Du hast nämlich ein kleines Schwein gewonnen."

Und dann hob der Mann ein Ferkel aus einer Kiste und drückte es Zuppi in die Arme. Die Leute klatschten und lachten. Zuppi schleppte breit grinsend das Ferkel zu unserem Tisch und setzte es Mutter auf den Schoß. Es war ein sauberes rosiges Tier, mit einer dicken Schnauze, kleinen flinken Äuglein und großen Schlappohren.

Es sah wirklich niedlich aus, trotzdem machte Vater ein finsteres Gesicht. Als ein Bauer, der an unserem Tisch saß, uns zu dem Ferkel gratulierte, lächelte Vater gequält. Man muss wissen, Vater mag keine Haustiere. Tiere gehören nicht ins Haus, sagt er immer. Und jetzt hatte Mutter dieses Ferkel auf dem Schoß und kraulte ihm das niedliche Schlappohr.

„Niedlich, nicht", sagte Zuppi begeistert, „guck mal dieser kleine Ringelschwanz."

Vater nahm die Pfeife aus dem Mund. „Ganz nett", sagte er, „aber wenn wir gehen, dann gibst du das Tier zurück!"

„Nein", rief Zuppi, „ich hab das gewonnen. Das gehört mir."

„Wir können das Tier doch nicht mitnehmen."

(Aus: Uwe Timm: Rennschwein Rudi Rüssel. Mit Illustrationen von Axel Scheffler und einem Nachwort des Autors © Nagel & Kimche im Carl Hanser Verlag: München 1989.)

Margit Dietz | 45 Vertretungsstunden Deutsch | 978-3-589-23247-5

3 Was machen wir mit dem Geld in der Klassenkasse?

Ziel / Leitidee	situationsangemessen mit anderen sprechen, Meinungen begründen
Klassenstufe	5 / 6
Vorbereitung / Material	Tafel, Kreide; Schülerhefte (oder Notizpapier)
Sozialform	gesamte Klasse, Gruppenarbeit
Lernbereich	Sprechen und Zuhören

Hinführung

- Kurzes **Unterrichtsgespräch**: *Wer hat ein Sparschwein zu Hause? Wofür ist das Geld im Schwein bestimmt? Wer hat diese Entscheidung getroffen?*
- Danach leitet die Lehrkraft über zum Thema „Klassenkasse“: *Stellt euch vor, ihr habt euch als Klasse an einem Wettbewerb beteiligt und 300 Euro gewonnen. Das Geld ist jetzt in eurem Klassensparschwein und ihr müsst gemeinsam entscheiden, was damit passieren soll.*

Hauptphase

- Im Unterrichtsgespräch sammeln die Schüler **Vorschläge** für die Verwendung des Betrags. Die Lehrkraft notiert Stichpunkte an der **Tafel**. Denkbar wären u. a. folgende Ideen:

(1) Verwendung für den nächsten Klassenausflug (Eintrittsgelder usw.)
(2) gemeinsamer Besuch im Eiscafé (z. B. beim Klassenausflug)
(3) Anschaffung von Büchern für eine Klassenbibliothek
(4) Veranstaltung eines Klassenfestes: Kauf von Getränken und Knabbereien
(5) Spende für einen guten Zweck (z. B. für Kinder in Not)
(6) Anschaffung von Spielen (für Zwischenstunden und die Mittagspause)
(7) Verwendung zur Verschönerung des Klassenzimmers (Bilder, Pflanzen usw.)
(8) Barauszahlung an die Schüler

Tipp: Die Lehrkraft sollte lenkend eingreifen oder selbst Vorschläge machen, falls aus der Klasse zu wenig brauchbare Ideen kommen. Man sollte mindestens fünf Vorschläge an der Tafel festhalten.

- Die Klasse wird in **Gruppen** von jeweils vier bis fünf Schülern eingeteilt (kleinere Gruppen sollte man nicht bilden). Sie erhalten folgenden Arbeitsauftrag: *Jeder Schüler ist für einen der Vorschläge „zuständig“ und notiert ihn zunächst auf einem Zettel / in seinem Heft.*

Achtung: Der jeweilige Schüler muss diesen Vorschlag nicht befürworten, es geht nur um eine Möglichkeit der Arbeitsteilung! Falls mehr Vorschläge auf der Liste stehen als Schüler in einer Gruppe zusammenarbeiten, suchen sich die Schüler selbst die Ideen aus, über die sie sprechen wollen.

Besprecht anschließend gemeinsam die Vorteile und Nachteile jeder Möglichkeit: Warum findet ihr sie gut oder weniger brauchbar?
Jeder macht sich Notizen zu „seinem" Vorschlag.
Arbeitszeit: zehn Minuten.

Ergebnissicherung Nach Ablauf der Gruppenarbeitsphase werden die einzelnen **Vorschläge** der Reihe nach **diskutiert**: Eine Gruppe nennt ihre Argumente zur ersten Idee, die anderen hören zu. Anschließend können weitere Gruppen Argumente ergänzen oder entkräften. Die Schüler sollten dabei darauf achten, dass sie neue Aspekte anführen und nicht nur bereits Genanntes wiederholen. Mit den weiteren Vorschlägen wird ebenso verfahren.

Mögliche Anschlussaktivitäten

- Nachdem auf diese Art und Weise alle Vorschläge durchgearbeitet worden sind, kann man **abstimmen** lassen: Welche Möglichkeit überzeugt euch am meisten?
- Wenn genügend Zeit ist, kann man eine geheime und **schriftliche Wahl** durchführen. Eine solche ergibt möglicherweise ein unverfälschteres Bild als die Abstimmung per Handzeichen und macht den Schülern erfahrungsgemäß auch mehr Spaß.

Alternativen Bevor man die Ergebnisse der Gruppenarbeitsphase zusammenträgt, kann man mit der Klasse die wichtigsten **Gesprächsregeln** wiederholen:

- aufmerksam zuhören,
- nicht unterbrechen,
- niemanden auslachen,
- laut genug sprechen,
- nicht zu schnell sprechen,
- beim Thema bleiben.

4 Schreiben, Vorlesen, Vortragen: Die Nachrichten

Ziel / Leitidee	nach Vorgaben adressatengerechte Texte verfassen, freien Vortrag üben
Klassenstufe	5 / 6
Vorbereitung / Material	Kopiervorlage in Klassenstärke / Tafel, Kreide, Schülerhefte oder Notizpapier
Sozialform	gesamte Klasse, Gruppenarbeit
Kompetenzbereich	Schreiben, Sprechen und Zuhören

Hinführung Auf die Frage *Was war gestern in den Nachrichten?* tragen die Schüler Meldungen aus dem aktuellen Tagesgeschehen zusammen.

Hauptphase Gruppen von sechs Schülern bilden jeweils eine „Nachrichtenredaktion“: Sie erhalten die Kopiervorlage, entscheiden, wer welchen Nachrichtenblock übernimmt, arbeiten die Stichpunkte zu **zusammenhängenden Texten** um und üben ihren **Vortrag**. Arbeitszeit: 15 Minuten.

Tipp: Wenn man die Schreibarbeit begrenzen und insgesamt weniger Zeit investieren möchte, kann man die Meldungen auf jeweils eine pro Nachrichtenblock beschränken. Die Schüler wählen aus den beiden Themen eines aus.

Ergebnissicherung / Präsentation Nach dem Ende der Arbeitszeit tragen die einzelnen Gruppen den Mitschülern ihre „Nachrichtensendung“ vor.

Tipp: Es empfiehlt sich unter Umständen, mit den Schülern vorher kurz zu wiederholen, was einen guten Vortrag ausmacht: angemessene Lautstärke, passendes Sprechtempo, sinnvolle Pausen, Blickkontakt zu den Zuhörern usw.

Man kann an den Vortrag eine kurze **Feedback-Runde** anschließen: Wer hat was besonders gut gemacht, was müsste noch verbessert werden?

Mögliche Anschlussaktivitäten

- Die Klasse bestimmt zu jedem Nachrichtenblock den besten Sprecher. Diese neue Gruppe trägt noch einmal gemeinsam ihre Nachrichten vor.
- **Unterrichtsgespräch / Diskussion:** *Die meisten Meldungen auf dem Arbeitsblatt sind erfunden. Zwei davon sind jedoch wahr (am 20. 10. 2010 der Presse entnommen). Welche sind das? Warum denkst du das?* [Neapel, Zoologischer Garten Berlin]

Alternativen Statt der Kopiervorlage kann man den Schülern auch alte Tageszeitungen aushändigen. Daraus suchen sie sich Artikel heraus, die sie zu kurzen Meldungen (drei bis vier Sätze) umgestalten. Pro Gruppe von fünf bis sechs Schülern genügt eine Zeitung.

Name: Klasse: Datum:

Die Nachrichten

Inland

- US-Präsident Obama: Staatsbesuch in Deutschland; heute: Ankunft in Berlin, Empfang beim Bundespräsidenten; begeisterte Menschen in den Straßen; morgen: Weiterreise nach München
- mehrere deutsche Großstädte: Studenten demonstrieren gegen Studiengebühren; bis zu 500 € im Halbjahr geplant; kommender Freitag: Großaktion vor Reichstag in Berlin geplant

Ausland

- nach Erdbeben Lage in Indonesien weiter schwierig; immer noch Suche nach Überlebenden; Hilfe aus dem Ausland jetzt da; dennoch: Spenden benötigt (Nahrungsmittel, Decken, Medikamente), Konto 123 456 bei BLZ 789 012 34
- Neapel: zu wenig Mülldeponien, aber Proteste gegen neue Deponie nahe der Stadt, Menschen fürchten Lagerung von Giftmüll; inzwischen: Müllberge in den Straßen, Situation gesundheitlich heikel

Verschiedenes

- Busunglück auf A7 bei Ulm: glimpflicher Ausgang, die meisten Insassen unverletzt oder leicht verletzt; bei nasser Fahrbahn in Ausfahrt von Straße abgekommen und in Graben gerutscht; Ausfahrt für Stunden gesperrt; Stau auf Umleitungsstrecke
- Zoologischer Garten Berlin: Probleme mit Eisbär Knut (4 Jahre alt); nach Umzug auf Bärenfelsen von drei Eisbärdamen bedroht und gebissen; Publikumsliebling Knut: Flucht auf Felsvorsprung; noch keine Lösung des Problems gefunden

Kultur

- vor Oscar-Verleihung in LA: Spannung steigt, auch deutscher Schauspieler Moritz Bleibtreu nominiert in Kategorie „Beste Hauptrolle"; Liveübertragung der Zeremonie ab 3 Uhr; Zusammenfassung morgen ab 19.00 Uhr
- Buchmesse in Leipzig: Aussteller bisher zufrieden, Besucherzahl wie im Vorjahr, besonders beliebt: Lesungen von Jugendbuchautoren und Gespräche mit Kriminalschriftstellern

Sport

- Fußball: Nationalelf jetzt in Unterkunft bei Madrid; Spiel (EM-Quali) gegen Spanien übermorgen; Trainer zufrieden mit Leistungen; Aufstellung noch unbekannt bis Pressekonferenz morgen
- Motorsport: großer Preis von Belgien in Spa, Ausscheiden des deutschen Fahrers Sebastian Vettel, fünfte Runde, Grund: zu riskantes Überholmanöver; trotzdem noch Chancen auf WM-Titel

Wetter

- Temperaturrekord in Texas: im Zeitraum von 14 Tagen ununterbrochen über 39 Grad; gesundheitliche Probleme vor allem für ältere Menschen; Wasser knapp
- Norden: einzelne Schauer, bewölkt, kaum Sonne, mäßiger Wind mit Böen; Süden: keine Niederschläge, überwiegend sonnig, leichter Wind; Temperaturen: bei Sonnenschein bis 20°, ansonsten max. 15°, nachts Abkühlung auf bis zu 5°; weitere Aussichten: bis zum Wochenende überall sonnig, trocken

Margit Dietz | 45 Vertretungsstunden Deutsch | 978-3-589-23247-5

5 Erzählen zu Bildern: vorher – jetzt – nachher

Ziel / Leitidee	zu Situationen eine Vorgeschichte entwickeln und mögliche Folgen darstellen
Klassenstufe	5/6
Vorbereitung / Material	Kopiervorlage in Klassenstärke / Tafel, Kreide
Sozialform	gesamte Klasse, Einzelarbeit (bzw. Partnerarbeit)
Kompetenzbereich	Sprechen und Zuhören, Schreiben

Hinführung Die Schüler erhalten die Kopiervorlage mit den drei Bildern. Im **Unterrichtsgespräch** erarbeiten sie, was auf den drei Bildern zu sehen ist und wie die dargestellten Personen sich wohl gerade fühlen. Unter dem jeweiligen Bild werden **Stichpunkte notiert**, die die Lehrkraft auch an der Tafel festhalten kann, um den Schülern das Mitschreiben zu erleichtern.

Hauptphase Anschließend werden die Schüler aufgefordert, zu einem der Bilder eine **Vorgeschichte** zu entwickeln und in der Spalte **„vorher"** diesbezüglich Stichpunkte zu notieren. Ebenso verfahren sie mit der Spalte **„nachher"**. Zeitvorgabe: 10 bis 15 Minuten.
Am Ende der Arbeitszeit sollen die Schüler in der Lage sein, zu dem von ihnen gewählten Bild zusammenhängend ein bis zwei Minuten lang zu sprechen.

Tipp: Man kann zusätzlich die zu verwendenden Tempora wiederholen: Präteritum für die Vergangenheit, Präsens für die Gegenwart und Futur für die Zukunft.

Ergebnissicherung / Präsentation Nach dem Ende der Arbeitszeit sprechen zunächst die Schüler, die Bild 1 gewählt haben, es folgen die Äußerungen zu Bild 2 und Bild 3.

Tipp: Nach jeder Runde können die Mitschüler für ihrer Meinung nach besonders gelungene Texte Wertungen abgeben.

Mögliche Anschlussaktivitäten

- In einem weiteren Arbeitsschritt **verschriftlichen** die Schüler ihre **Gedanken zum Bild**, wobei sie bewusst auch **erzählerische Mittel** einsetzen sollen, die zunächst im Unterrichtsgespräch gesammelt und evtl. an der Tafel fixiert werden: abwechslungsreiche Satzanfänge, wörtliche Rede, innere Handlung, anschauliche Adjektive und Verben, Fragen, Ausrufe usw.
- Nach dem mündlichen Vortrag wählen die Schüler ein anderes Bild aus und verfassen dazu einen schriftlichen Text von mindestens zwei Sätzen pro Spalte. Sie sollen dabei vor allem auch auf die korrekte Verwendung der **Tempora** achten.

Alternativen Zwei Schüler bearbeiten zusammen ein Bild: Einer erfindet die Vorgeschichte, der zweite übernimmt die Folgen des im Bild dargestellten Geschehens. Das „Jetzt" besprechen sie gemeinsam und teilen es für den Vortrag in zwei Teile auf.

Name: Klasse: Datum:

Erzählen zu Bildern: vorher – jetzt – nachher

vorher	jetzt	nachher
	1 	
	2 	
	3 	

Margit Dietz | 45 Vertretungsstunden Deutsch | 978-3-589-23247-5 | Illustrationen: Oliver Sasse

6 Eine Textruine restaurieren

Ziel / Leitidee	Großschreibung und Zeichensetzung üben, Textverständnis überprüfen
Klassenstufe	5/6
Vorbereitung / Material	Kopiervorlage in Klassenstärke
Sozialform	gesamte Klasse, Einzel- oder Partnerarbeit
Kompetenzbereich	Sprache und Sprachgebrauch untersuchen, Lesen – mit Texten umgehen

Hinführung Im **Unterrichtsgespräch** sollen die Schüler folgende Fragen beantworten:

- *Was bedeutet das Wort „Ruine"?* [zerfallenes / zerfallendes Bauwerk]
- *Man kann eine Ruine „restaurieren". Was tut man dabei?* [wieder in den ursprünglichen Zustand bringen, ausbessern]

Die Schüler sollen im Anschluss eine „Textruine in fünf Bauabschnitten restaurieren".

Hauptphase / Präsentation Auf der Kopiervorlage findet sich das „beschädigte" Märchen *Die Sterntaler.* In Einzel- oder Partnerarbeit können die Schüler die einzelnen **Teile wiederherstellen.** Die Korrektur wird im Unterrichtsgespräch vorgenommen.

> **Tipp:** Es empfiehlt sich, jeden Textabschnitt abschließend zu verbessern, bevor sich die Schüler den nächsten vornehmen. Wer möchte, kann das Arbeitsblatt dazu auch in Streifen schneiden und diese nacheinander an die Schüler verteilen.

Im nächsten Schritt werden die Textteile in die richtige Reihenfolge gebracht. Anschließend lesen die Schüler das Märchen laut vor.

Mögliche Anschlussaktivitäten

- Im Unterrichtsgespräch werden die **Merkmale der Textsorte** „Märchen" wiederholt und – soweit möglich – auf den Text angewendet. [kurzer Erzähltext; eine wunderbare, unwirkliche Welt mit zum Teil fantastischen Figuren wie Hexe, Fee, Zwerg, Riese; Kampf zwischen Gut und Böse; Sieg des Guten nach verschiedenen Prüfungen und Aufgaben für den Helden; häufige Verwendung magischer Zahlen (drei, sieben, dreizehn); formelhafte Sprache: „Es war einmal …", „Und wenn sie nicht gestorben sind …"; zunächst mündliche Überlieferung des Volksmärchens]
- *Schreibe in drei bis vier Sätzen auf, wofür das Mädchen Geld ausgibt und warum. Du kannst so anfangen: Das arme Mädchen überlegte lange, was es mit den vielen Talern am besten machen sollte. Zuerst …* Die Schüler lesen nach wenigen Minuten Arbeitszeit ihre Texte vor.
- **„Heißer Stuhl"** für das arme Mädchen: Ein Schüler begibt sich in die Rolle des armen Mädchens und lässt sich (auf einem Stuhl vor der Klasse sitzend) von seinen Mitschülern über seine Erlebnisse und seine Gefühle befragen.

Name: Klasse: Datum:

Die Sterntaler

1 Restauriere die Großbuchstaben wie im Beispiel.

aber es war sehr fromm und gut. und weil es so von aller welt verlassen war, ging es im
A
vertrauen auf den lieben gott hinaus ins feld. unterwegs begegnete ihm ein armer mann,

der sprach: „ach, gib mir etwas zu essen, ich bin so hungrig." da gab es ihm das stück brot.

2 Restauriere die Großbuchstaben wie oben und ergänze die fehlenden Punkte.

da fielen auf einmal die sterne vom himmel und waren lauter harte, blanke taler obwohl

es sein hemdlein weggegeben hatte, hatte es doch eins an, aber von allerfeinstem linnen

dort sammelte es sich die taler hinein und war reich für sein lebtag

3 Restauriere die Großbuchstaben und ergänze die fehlenden Kommas.

dann ging es weiter. da kam ein kind das sagte: „es friert mich so an meinem kopf. schenk mir
D D Kind, das
doch etwas das ich herumbinden kann." da nahm es seine mütze ab und gab sie dem kind. als

es noch ein bisschen gegangen war da kam wieder ein kind. das hatte kein leibchen an.

4 Restauriere die Großbuchstaben und ergänze die fehlenden Kommas und Punkte.

es war einmal ein armes kleines mädchen dem waren vater und mutter gestorben es hatte kein

haus mehr in dem es wohnen konnte und kein bett mehr in dem es schlafen konnte es hatte

nichts mehr auf der welt als die kleider auf dem leibe und ein stückchen brot in der hand

5 Restauriere die Großbuchstaben und ergänze alle fehlenden Satzzeichen.

so gab es ihm seins und noch weiter da bat eins um ein röcklein das gab es auch von sich hin

endlich kam es in den wald es war schon dunkel geworden da kam noch ein kind und bat um

ein hemdlein das fromme mädchen dachte es ist dunkle nacht da sieht dich niemand da kannst

du wohl dein hemd weggeben und es zog das hemd ab und gab es hin

In dieser Reihenfolge ergeben die Teile der Ruine ein „Textgebäude": _ _ _ _ _

(Text bearbeitet nach: Brüder Grimm: Kinder- und Hausmärchen Bd. 2. Reclam Verlag: Stuttgart, 1980, S. 269 f.)

Margit Dietz | 45 Vertretungsstunden Deutsch | 978-3-589-23247-5

Name: Klasse: Datum:

Die Sterntaler – Lösung

1 Restauriere die Großbuchstaben wie im Beispiel.

aber es war sehr fromm und gut. und weil es so von aller welt verlassen war, ging es im
A U W
vertrauen auf den lieben gott hinaus ins feld. unterwegs begegnete ihm ein armer mann,
V G F U M
der sprach: „ach, gib mir etwas zu essen, ich bin so hungrig." da gab es ihm das stück brot.
A D S B

2 Restauriere die Großbuchstaben wie oben und ergänze die fehlenden Punkte.

da fielen auf einmal die sterne vom himmel und waren lauter harte, blanke taler obwohl es
D S H Taler. Obwohl
sein hemdlein weggegeben hatte, hatte es doch eins an, aber von allerfeinstem linnen dort
H Linnen. Dort
sammelte es sich die taler hinein und war reich für sein lebtag
T Lebtag.

3 Restauriere die Großbuchstaben und ergänze die fehlenden Kommas.

dann ging es weiter. da kam ein kind das sagte: „es friert mich so an meinem kopf. schenk mir
D D Kind, das E K S
doch etwas das ich herumbinden kann." da nahm es seine mütze ab und gab sie dem kind. als
etwas, das D M K A
es noch ein bisschen gegangen war da kam wieder ein kind. das hatte kein leibchen an.
war, da K D L

4 Restauriere die Großbuchstaben und ergänze die fehlenden Kommas und Punkte.

es war einmal ein armes kleines mädchen dem waren vater und mutter gestorben es hatte kein
E armes, kleines Mädchen, dem V M gestorben. Es
haus mehr in dem es wohnen konnte und kein bett mehr in dem es schlafen konnte es hatte
H mehr, in konnte, und B mehr, in konnte. Es
nichts mehr auf der welt als die kleider auf dem leibe und ein stückchen brot in der hand
W K L S B Hand.

5 Restauriere die Großbuchstaben und ergänze alle fehlenden Satzzeichen.

so gab es ihm seins und noch weiter da bat eins um ein röcklein das gab es auch von sich hin
S seins. Und weiter, da Röcklein. Das hin.
endlich kam es in den wald es war schon dunkel geworden da kam noch ein kind und bat um
E Wald. Es geworden. D K
ein hemdlein das fromme mädchen dachte es ist dunkle nacht da sieht dich niemand da kannst
Hemdlein. Das M dachte: „Es Nacht. Da niemand. Da
du wohl dein hemd weggeben und es zog das hemd ab und gab es hin
H weggeben." Und H hin.

In dieser Reihenfolge ergeben die Teile der Ruine ein „Textgebäude": 4 1 3 5 2.

Margit Dietz | 45 Vertretungsstunden Deutsch | 978-3-589-23247-5

Ober- und Unterbegriffe finden

Ziel / Leitidee	Gemeinsamkeiten erkennen, Zusammenfassen üben, Beispiele finden
Klassenstufe	5 / 6
Vorbereitung / Material	Kopiervorlage in Klassenstärke / Tafel, (Farb-)Kreide, Schülerhefte
Sozialform	gesamte Klasse, Einzel- und Partnerarbeit
Kompetenzbereich	Sprache und Sprachgebrauch untersuchen

Hinführung Die Schüler werden aufgefordert, folgende Frage zu beantworten: *Was könnte auf der Einkaufsliste deiner Familie stehen?* Die Antworten notiert die Lehrkraft an der Tafel, sodass eine Liste dieser Art entsteht:

Reis	*Zeitschriften*	*Tomaten*	*Waschpulver*
Taschentücher	*Wurst*	*Mineralwasser*	*Hackfleisch*
Joghurt	*Zahnpasta*	*Spaghetti*	*Salat*
Äpfel	*Käse*	*Marmelade*	*Orangensaft*

Anschließend werden die Waren im **Unterrichtsgespräch** geordnet: *So durcheinander stehen die einzelnen Artikel meist nicht auf einem Einkaufszettel, sondern sie werden sortiert aufgeschrieben. Was gehört zusammen?* Die Lehrkraft unterstreicht die Dinge, die in eine Gruppe gehören, in derselben Farbe. Anschließend sollen die Schüler **Oberbegriffe** für die Gruppen finden, die ebenfalls an der Tafel notiert werden, z. B. *Drogerieartikel, Milchprodukte, Obst und Gemüse, Getränke, Fleischwaren, Beilagen, Süßigkeiten.*

Hauptphase Die Schüler bearbeiten in Einzel- oder Partnerarbeit die Aufgaben auf der Kopiervorlage.

Ergebnissicherung Die Lösungen werden im Plenum besprochen.

Alternativen Man kann das Lösungsblatt mehrmals kopieren und den Schülern zur **Selbstkontrolle** aushändigen.

Mögliche Anschlussaktivitäten Jeder Schüler findet selbst einen Oberbegriff und da zu mindestens fünf Unterbegriffe. Anschließend versuchen die Mitschüler, diese Unterbegriffe zu erraten.

Tipp: Hilfen für Schüler, die Schwierigkeiten haben, einen Oberbegriff zu finden: Farben – Gesellschaftsspiele – Fische – Vögel – Große Tiere im Zoo – Europäische Länder – Was man feiert – Alkoholfreie Getränke – Berufe im Freien – Märchengestalten.

Name: Klasse: Datum:

Ober- und Unterbegriffe finden

1 Die Familie räumt auf: In welches Zimmer gehören diese Gegenstände? Tipp: Es sind jeweils vier!

Bilderbuch	Kochlöffel	Mehl	Topf
Büroklammern	Konserven	Mobile	Untertasse
Essig	Kopierpapier	Salatschüssel	Wachsmalkreiden
Fön	Kugelschreiber	Shampoo	Waschlappen
Kartoffeln	Locher	Stofftier	Watte

Küche	Badezimmer	Arbeitszimmer	Vorratsraum	Kinderzimmer

2 Was passt dazu? Finde zu jedem Oberbegriff fünf Unterbegriffe.

Früchte	Fahrzeuge	Schmuck-stücke	Blumen	Sportarten ohne Ball

3 Im Warenhaus ist eine Lieferung angekommen, aber die Artikel sind bei der Anlieferung durcheinandergeraten. Was gehört zusammen? In welche Abteilung gehören die Sachen (z. B. Sportartikel, Spielwaren)? Schreibe die Tabellen in dein Heft.

Bausteine	Haartrockner	Mauspads	Schulhefte	Textmarker
Bleistifte	Handtücher	Mützen	Spielkarten	Tischdecken
CD-Player	Hanteln	Parfüms	Staubsauger	Toaster
Duschgels	Herrenanzüge	Puppen	Strümpfe	T-Shirts
Fernsehgeräte	Jeans	Schals	Tastaturen	USB-Speichersticks
Fußballtrikots	Klebestifte	Schlittschuhe	Teddybären	Würfel
Geschirrtücher	Lippenstifte	Schnellhefter	Tennisschläger	Zahnbürsten

Margit Dietz | 45 Vertretungsstunden Deutsch | 978-3-589-23247-5

Name: Klasse: Datum:

Ober- und Unterbegriffe finden – Lösung

1 Die Familie räumt auf: In welches Zimmer gehören diese Gegenstände?

Küche	Badezimmer	Arbeitszimmer	Vorratsraum	Kinderzimmer
Kochlöffel Salatschüssel Topf Untertasse	Fön Shampoo Waschlappen Watte	Büroklammern Kopierpapier Kugelschreiber Locher	Essig Kartoffeln Konserven Mehl	Bilderbuch Mobile Stofftier Wachsmalkrei- den

2 Was passt dazu? Finde zu jedem Oberbegriff fünf Unterbegriffe.

Früchte	Fahrzeuge	Schmuck- stücke	Blumen	Sportarten ohne Ball
Apfel Banane Kirsche Erdbeere Pfirsich Pflaume Orange Aprikose …	Auto Fahrrad Motorrad Laster Bus Zug Traktor Dreirad …	Ring Halskette Armband Ohrringe Brosche Piercing Armbanduhr …	Rose Nelke Tulpe Sonnenblume Lilie Anemone Veilchen Geranie …	Kurzstrecken- lauf Marathon Hürdenlauf Radfahren Weitsprung Schwimmen Fechten Skilaufen …

3 Im Warenhaus ist eine Lieferung angekommen, aber die Artikel sind bei der Anlieferung durcheinandergeraten. Was gehört zusammen? In welche Abteilung gehören die Sachen (z. B. Sportartikel, Spielwaren)? Schreibe die Tabellen in dein Heft.

Schreibwaren	Sportartikel	Spielwaren	Wäsche
Bleistifte Klebestifte Schnellhefter Schulhefte Textmarker	Fußballtrikots Hanteln Schlittschuhe Tennisschläger	Bausteine Puppen Spielkarten Teddybären Würfel	Geschirrtücher Handtücher Tischdecken
Computerzubehör	**Bekleidung**	**Drogerie**	**Elektrogeräte**
Mauspads Tastaturen USB-Speichersticks	Herrenanzüge Jeans Mützen Strümpfe T-Shirts	Duschgels Lippenstifte Parfüms Schals Zahnbürsten	CD-Player Fernsehgeräte Haartrockner Staubsauger Toaster

Margit Dietz | 45 Vertretungsstunden Deutsch | 978-3-589-23247-5

8 Nomen – Verb – Adjektiv

Ziel / Leitidee	Wortarten unterscheiden, Beispiele finden
Klassenstufe	5 / 6
Vorbereitung / Material	Tafel, Kreide; je Schüler ein Blatt Papier (oder Schülerhefte)
Sozialform	gesamte Klasse, Einzelarbeit
Kompetenzbereich	Sprache und Sprachgebrauch untersuchen

Hinführung Die Lehrkraft schreibt in Spalten nebeneinander die Wortarten *Nomen – Verb – Adjektiv – Adverb / Präposition / Konjunktion / Numerale* an die Tafel. Anschließend gibt sie einen beliebigen Buchstaben vor und fordert die Schüler auf, **Beispiele für die Wortarten** mit diesem Anfangsbuchstaben zu finden, sodass eine solche Tafelanschrift entsteht:

	Nomen	***Verb***	***Adjektiv***	***Adverb / Präposition / Konjunktion / Numerale***	***Punkte***
T	*Tisch, Tiger, Tafel, Topf …*	*trinken, tanzen, träumen, testen …*	*trocken, trist, trüb, trotzig …*	*trotz, tausend …*	

Tipp: Gegebenenfalls muss man mit der Klasse die Merkmale der einzelnen Wortarten wiederholen. Man kann auch eine weitere Proberunde mit einem anderen Buchstaben spielen.

Die letzte Spalte ist für die Punktevergabe vorgesehen: Für jedes richtige Wort gibt es in den folgenden Spielrunden fünf Punkte.

Hinweis: Die Schüler sind vermutlich vom Spiel „Stadt – Land – Fluss" mit einem komplexeren Punktesystem vertraut, das aber hier nicht empfehlenswert ist.

Hauptphase

- Zunächst übertragen die Schüler die Tabelle auf ein Blatt Papier (Querformat!) oder in ihre Hefte.
- Ein Schüler wird aufgefordert, still das Alphabet durchzugehen. Mit dem Buchstaben, bei dem er angekommen ist, wenn die Lehrkraft „Stopp!" ruft, wird die nächste Runde gespielt. Alle versuchen, möglichst schnell Beispiele zu finden. Wer die Zeile am schnellsten gefüllt hat, ruft „Stopp!", und alle anderen hören auf zu schreiben. Der Rundensieger nennt seine Wörter, der Rest der Klasse kann andere Beispiele beisteuern.

Tipp: Man kann die Schüler dazu ermuntern, sich bei der Entscheidung, ob ein Wort richtig ist und Punkte einbringt, gegenseitig zu kontrollieren.

Auf diese Weise spielt man weitere Runden, wobei der Schnellste der letzten Runde still das Alphabet durchgeht, bis ein neuer Buchstabe gefunden ist.

Ergebnissicherung Nach mehreren Spielrunden zählen die Schüler ihre Punkte und die Lehrkraft **ermittelt** den **Sieger**. Man kann die gesamte Stunde mit dem Spiel verbringen oder das Spiel vorher abbrechen, um eine weitere Aktivität anzuschließen.

Mögliche Anschlussaktivitäten

- *Wähle eine Zeile, in der du für alle Wortarten ein Beispiel gefunden hast. Verwende diese Wörter in einem* ***kurzen*** *(lustigen, gruseligen oder fantastischen)* ***Text*** *(zwei bis drei Sätze), z. B.: Im Dschungel tanzen die Tiere vor Freude. Endlich gibt es wieder Wasser! Es regnet wie aus tausend Kübeln und nichts bleibt trocken.*
- *Wähle einen Buchstaben aus. Verwende viele Wörter, die mit diesem Anfangsbuchstaben beginnen, in einem Satz. Der Satz kann unsinnig, muss aber grammatisch richtig sein, z. B.: Blaue Bären brauchen in den Bergen besonders bunte Blumen.*

Alternativen Um den Spielverlauf etwas ruhiger zu gestalten, kann man folgende **Variante** wählen: Wer findet innerhalb von drei Minuten die meisten Wörter mit dem ermittelten Buchstaben? Es muss aber in jeder Spalte mindestens ein Wort stehen.

9 Ein Silbenrätsel erstellen

Ziel / Leitidee	den Umgang mit dem Wörterbuch üben, Silbentrennung üben
Klassenstufe	5 / 6
Vorbereitung / Material	Vervielfältigen und Zerschneiden der Kopiervorlage entlang der gestrichelten Linien (eine Kopie der Doppelseite reicht für 32 Schüler); Bereitstellen von Wörterbüchern (hier verwendet: *Duden – Die deutsche Rechtschreibung*, 25. Auflage), ein Exemplar pro Schülerpaar / ca. 20 Blätter Papier
Sozialform	Partnerarbeit
Kompetenzbereich	Sprache und Sprachgebrauch untersuchen

Hinführung In **Partnerarbeit** lösen die Schüler das **Silbenrätsel** auf der Kopie. Die Lösungen werden verglichen. [1. Marzipan, 2. Expedition, 3. massiv, 4. reinigen]

Hauptphase Die Schüler sollen nun, ebenfalls in Partnerarbeit, aus den vier Wörtern, die unten auf ihrer Kopie stehen, selbst auf einem Blatt ein Silbenrätsel gestalten (Zeitbedarf: 15 bis 20 Minuten). Dazu müssen sie:

- im Wörterbuch die korrekte Silbentrennung nachschlagen,
- die Silben alphabetisch sortieren,
- Erklärungen / Umschreibungen für die Begriffe finden (selbstständig oder im Wörterbuch).

Die fertigen Rätsel werden eingesammelt, gemischt und verteilt (auf der Rückseite stehen die Namen der Urheber). Jedes Schülerpaar löst nun ein Rätsel, das Mitschüler erstellt haben.

Tipp: Wenn die Schüler beim Rätseln Bleistifte verwenden, können die Lösungen ausradiert werden, sodass eine weitere Rätselrunde angeschlossen werden kann.

Ergebnissicherung Die „Autoren" des Rätsels können anschließend die Lösung überprüfen.

Alternativen

- Damit die Rätsel etwas umfangreicher werden, fügen die Schüler den vier vorgegebenen Begriffen einen selbst gewählten fünften hinzu. Dabei sollte es sich aber keinesfalls um ein zu langes oder ausgefallenes Wort handeln.
- Man kann die Silbenrätsel auf **OHP-Folien** schreiben lassen, sodass sie im Klassenverband gelöst werden können.

Mögliche Anschlussaktivitäten *Schreibe einen kurzen Text, in dem drei der vier Wörter vorkommen, die du zu einem Silbenrätsel verarbeitet hast, z. B.: Die Teilnehmer der Expedition hatten mehrere massive Probleme: Die Lebensmittelvorräte gingen zur Neige und es war fast unmöglich, die Ausrüstung vom Wüstensand zu reinigen.*

Name: Klasse: Datum:

Ein Silbenrätsel erstellen

DI – EX – GEN – MAR – MAS – NI – ON – PAN – PE – REI – SIV – TI – ZI

1. süße Masse ____________
2. Forschungsreise ____________
3. fest, dauerhaft ____________
4. säubern ____________

Katastrophe, Professor, original, Person

DI – EX – GEN – MAR – MAS – NI – ON – PAN – PE – REI – SIV – TI – ZI

1. süße Masse ____________
2. Forschungsreise ____________
3. fest, dauerhaft ____________
4. säubern ____________

Grammatik, Känguru, Krabbe, negativ

DI – EX – GEN – MAR – MAS – NI – ON – PAN – PE – REI – SIV – TI – ZI

1. süße Masse ____________
2. Forschungsreise ____________
3. fest, dauerhaft ____________
4. säubern ____________

Sortiment, Plakette, korrigieren, Lupe

DI – EX – GEN – MAR – MAS – NI – ON – PAN – PE – REI – SIV – TI – ZI

1. süße Masse ____________
2. Forschungsreise ____________
3. fest, dauerhaft ____________
4. säubern ____________

Apostroph, Medaille, Kontakt, positiv

DI – EX – GEN – MAR – MAS – NI – ON – PAN – PE – REI – SIV – TI – ZI

1. süße Masse ____________
2. Forschungsreise ____________
3. fest, dauerhaft ____________
4. säubern ____________

Talisman, plakatieren, Klima, Pudding

DI – EX – GEN – MAR – MAS – NI – ON – PAN – PE – REI – SIV – TI – ZI

1. süße Masse ____________
2. Forschungsreise ____________
3. fest, dauerhaft ____________
4. säubern ____________

Produktion, maximal, kopieren, Adjektiv

DI – EX – GEN – MAR – MAS – NI – ON – PAN – PE – REI – SIV – TI – ZI

1. süße Masse ____________
2. Forschungsreise ____________
3. fest, dauerhaft ____________
4. säubern ____________

Melone, Diskussion, Koralle, separat

DI – EX – GEN – MAR – MAS – NI – ON – PAN – PE – REI – SIV – TI – ZI

1. süße Masse ____________
2. Forschungsreise ____________
3. fest, dauerhaft ____________
4. säubern ____________

Karussell, optimal, Luxus, transportieren

Margit Dietz | 45 Vertretungsstunden Deutsch | 978-3-589-23247-5

Name: Klasse: Datum:

DI – EX – GEN – MAR – MAS – NI – ON – PAN – PE – REI – SIV – TI – ZI 1. süße Masse ______ 2. Forschungsreise ______ 3. fest, dauerhaft ______ 4. säubern ______	DI – EX – GEN – MAR – MAS – NI – ON – PAN – PE – REI – SIV – TI – ZI 1. süße Masse ______ 2. Forschungsreise ______ 3. fest, dauerhaft ______ 4. säubern ______
Wolkenkratzer, Brillant, Klinik, sensibel	Lexikon, Spaghetti, Museum, addieren
DI – EX – GEN – MAR – MAS – NI – ON – PAN – PE – REI – SIV – TI – ZI 1. süße Masse ______ 2. Forschungsreise ______ 3. fest, dauerhaft ______ 4. säubern ______	DI – EX – GEN – MAR – MAS – NI – ON – PAN – PE – REI – SIV – TI – ZI 1. süße Masse ______ 2. Forschungsreise ______ 3. fest, dauerhaft ______ 4. säubern ______
Präsident, Dialekt, musikalisch, Setter	Bibliothek, sozial, Rakete, Position
DI – EX – GEN – MAR – MAS – NI – ON – PAN – PE – REI – SIV – TI – ZI 1. süße Masse ______ 2. Forschungsreise ______ 3. fest, dauerhaft ______ 4. säubern ______	DI – EX – GEN – MAR – MAS – NI – ON – PAN – PE – REI – SIV – TI – ZI 1. süße Masse ______ 2. Forschungsreise ______ 3. fest, dauerhaft ______ 4. säubern ______
Nektarine, Profit, hektisch, Optiker	Souvenir, Paprika, dividieren, kreativ
DI – EX – GEN – MAR – MAS – NI – ON – PAN – PE – REI – SIV – TI – ZI 1. süße Masse ______ 2. Forschungsreise ______ 3. fest, dauerhaft ______ 4. säubern ______	DI – EX – GEN – MAR – MAS – NI – ON – PAN – PE – REI – SIV – TI – ZI 1. süße Masse ______ 2. Forschungsreise ______ 3. fest, dauerhaft ______ 4. säubern ______
fahnden, Kassette, Helikopter, protestieren	Fabrikant, Chili, probieren, Medikament

Margit Dietz | 45 Vertretungsstunden Deutsch | 978-3-589-23247-5

Kniffliges zu Rechtschreibung und Grammatik

10

Ziel/Leitidee	den Umgang mit dem Wörterbuch, Rechtschreibung und Grammatik üben
Klassenstufe	5/6
Vorbereitung/Material	Kopiervorlage in Klassenstärke, Bereitstellen von Wörterbüchern (hier verwendet: *Duden – Die deutsche Rechtschreibung*, 25. Auflage), ein Exemplar pro Schüler oder Schülerpaar
Sozialform	gesamte Klasse, Einzel- oder Partnerarbeit
Kompetenzbereich	Sprache und Sprachgebrauch untersuchen

Hinführung

- Kurzes **Unterrichtsgespräch** zum Thema „Wobei uns ein Wörterbuch helfen kann“: Aussprache, Schreibung, Trennung, Bedeutung, Verwendung, Genus, Pluralbildung, Herkunft von Wörtern. (Dieser Arbeitsschritt kann bei wenig Zeit entfallen.)
- Die Wörterbücher werden ausgeteilt. An einem Beispiel, etwa *Kind* (S. 615/616), wird kurz der **Aufbau eines Wörterbucheintrags** untersucht: Stichwort, gefolgt von Genus, Genitivform, Pluralform. Man kann außerdem auf die Kennzeichnung der Silbentrennung sowie auf Herkunft, Erklärung der Bedeutung und Gebrauch in Redewendungen eingehen.

Hauptphase Die Schüler werden aufgefordert, die auf der Kopiervorlage abgedruckten Arbeitsaufträge zu erledigen. Dies kann in **Einzel- oder Partnerarbeit** erfolgen (je nach Klassensituation oder Anzahl der Wörterbücher). Arbeitszeit: 15 bis 20 Minuten.

Ergebnissicherung Die Ergebnisse werden im **Unterrichtsgespräch** verglichen:

Ananas oder *Ananasse* (S. 198)	*Drache* = Fabeltier, *Drachen* = Fluggerät (S. 359)	Neubauten, Baue (Seite 251)
Muttern (S. 757)	Kommissar, Gleis (S. 633 + 494)	*Elter* (Fachsprache), *Elternteil* (S. 392)
Mine, Besenstiel (S. 735/732 + 1024)	*das* Bund (S. 300)	*gewinkt* oder *gewunken* (S. 1180)
die See (S. 971)	kariert (S. 603)	Haselnuss, Walnuss (S. 522 + 1158)

Hinweis: Die Angabe der Seitenzahl soll sicherstellen, dass die Schüler wirklich nachschlagen, anstatt zu raten. Haben nicht alle Schüler die gleiche Ausgabe des Wörterbuchs, kann dies – mangels Vergleichbarkeit – aber auch entfallen.

Alternativen und mögliche Anschlussaktivitäten

- Für eine **Teilstunde**: die Kopiervorlage halbieren oder in Streifen schneiden.
- Die Stunde als **Wettbewerb**: Jede Reihe von Fragen wird separat bearbeitet. Wer zuerst fertig ist, ruft „Stopp!“. Die Ergebnisse werden verglichen. Für jede richtige Lösung sowie jede richtige Seitenzahl gibt es einen Punkt, max. also 35 Punkte.

Name: Klasse: Datum:

Kniffliges zu Rechtschreibung und Grammatik

1 Trage die Lösungen mit Bleistift ein.
2 Überprüfe deine Lösungen anschließend mit dem Wörterbuch. Notiere die Seitenzahl, auf der du die passende Information gefunden hast.

„Eine Ananas, bitte." Was sagst du, wenn du mehrere Früchte kaufen möchtest? **Finde den Plural von „Ananas".** ____ ____ (Seite ____)	**Drache oder Drachen? Setze jeweils das richtige Wort ein.** Ein ____ ist ein Fabeltier, aber ein ____ ist ein Fluggerät. (Seite ____)	**Finde den jeweils richtigen Plural von „Bau".** Die Gebäude in dieser Straße sind Neubau ____. Die Höhlen von Füchsen heißen Bau ____. (Seite ____)
Eine „Mutter" ist ein Teil einer Schraube. Sind mehrere davon dann „Mütter"? **Finde den Plural von „Mutter" in dieser Bedeutung.** ____ (Seite ____)	**Rechtschreibung: *s, ss* oder *ß*? Setze die fehlenden Buchstaben ein.** Der Kommi____ar wartete an Glei____ 8 auf den Schnellzug aus Paris. (Seite ____ + ____)	Vater und Mutter zusammen sind die Eltern. **Gibt es zu „Eltern" auch einen Singular? Welchen?** ____ ____ (Seite ____)
Rechtschreibung: *i* oder *ie*? Setze die fehlenden Buchstaben ein. Ich brauche für meinen Kugelschreiber eine neue M____ne. Jede Hexe braucht einen guten Besenst____l. (Seite ____ + ____)	**Finde den richtigen bestimmten Artikel.** Die Marktfrau sagt: „____ Bund Schnittlauch kostet heute nur einen Euro." (Seite ____)	Das Verb „winken": ich winke – ich winkte – ich habe ____ **Finde die fehlende Verbform: das Partizip Perfekt zu „winken".** (Seite ____)
Finde den richtigen bestimmten Artikel. In einem Nordsee-Urlaub kannst du folgenden Satz hören: „Heute war ____ See sehr stürmisch." (Seite ____)	**Rechtschreibung: *r* oder *rr*? Setze die fehlenden Buchstaben ein.** Der vermisste Mann trägt ein ka____iertes Hemd und eine braune Hose. (Seite ____)	**Ergänze die fehlenden Buchstaben.** Wenn du wählen kannst, nimmst du lieber eine Ha____elnuss oder eine W____lnuss? (Seite ____ + ____)

Margit Dietz | 45 Vertretungsstunden Deutsch | 978-3-589-23247-5

Märchen und Fabel

11

Ziel / Leitidee	Textverständnis herstellen, gestaltendes Vorlesen
Klassenstufe	5 / 6
Vorbereitung / Material	Kopiervorlage in Klassenstärke
Sozialform	gesamte Klasse, Partnerarbeit
Kompetenzbereich	Lesen – mit Texten umgehen

Hinführung Im Unterrichtsgespräch werden zunächst die **Merkmale der Textsorten** „Märchen" und „Fabel" wiederholt (und evtl. an der Tafel notiert):

- [**Märchen:** kurzer Erzähltext; eine wunderbare, unwirkliche Welt mit zum Teil fantastischen Figuren wie Hexe, Fee, Zwerg, Riese; Kampf zwischen Gut und Böse; Sieg des Guten nach verschiedenen Prüfungen und Aufgaben für den Helden; häufige Verwendung magischer Zahlen (drei, sieben, dreizehn); formelhafte Sprache: „Es war einmal …", „Und wenn sie nicht gestorben sind …"; zunächst mündliche Überlieferung des Volksmärchens.
- **Fabel:** kurzer Text, auch in Gedichtform; kurze Einleitung, Hauptteil mit Dialog, Schluss (oft mit Lehre); Begegnung von (meist zwei) sprechenden Tieren; festgelegte Eigenschaften der Tiere (z. B. listiger Fuchs); Tiere mit menschlichen Eigenschaften und Verhaltensweisen; Unterhaltung des Lesers, aber auch Belehrung („Moral").]

Hauptphase Die Schüler erhalten die Kopiervorlage. Sie lesen die Textteile durch und **rekonstruieren** in **Partnerarbeit** die beiden Texte.

Ergebnissicherung Die Lösungen werden im **Unterrichtsgespräch** verglichen. [*Der Fuchs und die Katze*: O / A / H / F / J / D / B / K; *Der süße Brei*: E / I / C / G / N / L / M]

> **Tipp:** Als Hilfe für das anschließende Vorlesen sollten die Schüler die Textteile in unterschiedlichen Farben einrahmen und sie zusätzlich nummerieren (von 1 bis 8 bzw. von 1 bis 7).

Zunächst wird das Märchen, dann die Fabel in Abschnitten oder mit **verteilten Rollen** laut vorgelesen. Das kann man mehrmals wiederholen und zwischen den einzelnen Durchgängen mit der Klasse mögliche Verbesserungen beim Vorlesen thematisieren.

Alternativen Man kann mit der Rekonstruktion und dem Vorlesen der Texte beginnen und erst danach die Merkmale der Textsorten wiederholen. Bei Zeitmangel kann Letzteres auch entfallen.

Mögliche Anschlussaktivitäten Die Schüler überlegen sich zu Märchen und Fabeln ihrer Wahl passende **Schlagzeilen**. Die Mitschüler müssen erraten, welcher Text gemeint ist. Beispiel für *Der süße Brei: Rätselhafte weiße Masse überschwemmt Kleinstadt.*

Name: Klasse: Datum:

Jacob und Wilhelm Grimm: *Der Fuchs und die Katze / Der süße Brei*

A „Guten Tag, lieber Herr Fuchs, wie geht's? Wie steht's? Wie schlagt Ihr Euch durch in dieser teuren Zeit?" Der Fuchs, voller Hochmut, betrachtete die Katze vom Kopf bis zu den Füßen und wusste lange nicht, ob er eine Antwort geben sollte.

B „Bindet den Sack mit den Listen auf, bindet den Sack auf, Herr Fuchs!", rief die Katze dem Fuchs zu, aber die Hunde hatten ihn schon gepackt und hielten ihn fest.

C Zu dem sollte es sagen „Töpfchen, koch!", so kochte es guten, süßen Hirsebrei, und wenn es sagte „Töpfchen, steh!", so hörte es wieder auf zu kochen.

D Die Katze sprang behände auf einen Baum und setzte sich in die Krone, wo Äste und Laubwerk sie völlig verbargen.

E Es war einmal ein armes, frommes Mädchen, das lebte mit seiner Mutter allein und sie hatten nichts mehr zu essen.

F „Ich verstehe nur eine einzige", antwortete die Katze bescheiden. „Was ist das für eine Kunst?", fragte der Fuchs. „Wenn die Hunde hinter mir her sind, so kann ich auf einen Baum springen und mich retten."

G Das Mädchen brachte den Topf seiner Mutter heim, und nun brauchten sie keinen Hunger mehr zu erleiden, denn sie aßen süßen Brei, sooft sie wollten.

H Endlich sprach er: „O du armseliger Bartputzer, du buntscheckiger Narr, du Hungerleider und Mäusejäger, was kommt dir in den Sinn? Du unterstehst dich zu fragen, wie's mir geht? Was hast du gelernt? Wie viele Künste verstehst du?"

I Da ging das Kind hinaus in den Wald. Dort begegnete ihm eine alte Frau, die wusste seinen Jammer schon und schenkte ihm ein Töpfchen.

J „Ist das alles?", fragte der Fuchs. „Ich bin Herr über hundert Künste und habe überdies noch einen Sack voll List. Du tust mir leid, komm mit mir, ich will dich lehren, wie man den Hunden entgeht." Als er so redete, kam ein Jäger mit vier Hunden daher.

K „Ei, Herr Fuchs", rief die Katze, „ihr bleibt mit Euren hundert Künsten stecken. Hättet Ihr heraufspringen können wie ich, so wär's nicht um Euer Leben geschehen."

L Also kochte es fort, und der Brei stieg über den Rand hinaus und kochte immerzu, die Küche und das Haus voll, und das zweite Haus und dann die Straße, als wollt's die ganze Welt satt machen, und die größte Not entstand, und kein Mensch wusste zu helfen.

M Endlich, als nur noch ein einziges Haus übrig war, da kam das Kind heim, und sprach nur: „Töpfchen, steh!" Da stand es und hörte auf zu kochen; und wer wieder in die Stadt wollte, der musste sich durch den süßen Hirsebrei durchessen.

N Eines Tages war das Mädchen ausgegangen, da sprach die Mutter: „Töpfchen, koch!" Da kochte es und sie aß sich satt. Nun wollte sie, dass das Töpfchen wieder aufhören sollte, aber sie wusste das Wort nicht.

O Es trug sich zu, dass die Katze in einem Wald dem Herrn Fuchs begegnete, und weil sie dachte, er ist gescheit und wohl erfahren und gilt viel in der Welt, sprach sie ihn freundlich an:

(Texte bearbeitet nach: Brüder Grimm: Kinder- und Hausmärchen. Reclam Verlag: Stuttgart, 1980/1984. Der Fuchs und die Katze: Bd. 1, S. 380 f.; Der süße Brei: Bd. 2, S. 95.)

Welche Textteile gehören zusammen? In welcher Reihenfolge?

Der Fuchs und die Katze: ___ / ___ / ___ / ___ / ___ / ___ / ___ / ___

Der süße Brei: ___ / ___ / ___ / ___ / ___ / ___ / ___

Margit Dietz | 45 Vertretungsstunden Deutsch | 978-3-589-23247-5

Interview mit Figuren aus einem Erzähltext

12

Ziel / Leitidee	einen Erzähltext erfassen und kreativ damit umgehen
Klassenstufe	5 / 6
Vorbereitung / Material	Kopiervorlage in Klassenstärke
Sozialform	gesamte Klasse, Gruppenarbeit
Kompetenzbereich	Lesen – mit Texten umgehen, Schreiben, Sprechen und Zuhören

Hinführung Kurzes **Unterrichtsgespräch** zum Thema „Namenstag": *Wer weiß seinen Namenstag? Warum ist er an diesem Tag?* [Namenstag = der Kalendertag, der an den Heiligen erinnert, dessen Namen jemand trägt] Der 23. April ist der Tag des Hl. Georg, von dem der Text handelt.

Hauptphase / Präsentation

- Die Schüler lesen den auf der Kopiervorlage abgedruckten Erzähltext abschnittsweise laut vor. Im Anschluss an jeden Abschnitt stellt die Lehrkraft **Fragen zum Textverständnis**:

  Z. 1–7: *Welches Problem haben die Bewohner der Stadt? Was tun die Bürger, um es zu lösen? Wie gut ist ihre Idee? Was verlangt das Ungeheuer?*

  Z. 8–16: *Was befürchten die Bewohner der Stadt? Was tun sie also? Worum bittet der König? Was bekommt er?*

  Z. 17–26: *Wohin ist die Prinzessin unterwegs? Was rät sie dem unbekannten Ritter? Wie reagiert er?*

  Z. 27–34: *Wie verläuft die Begegnung Georgs mit dem Drachen? Wofür verwendet Georg die Belohnung des Königs?*
- Die Schüler bearbeiten in **Dreiergruppen** den Arbeitsauftrag auf dem Textblatt.

Tipp: Falls es organisatorisch leichter ist, kann man auch Vierergruppen bilden und zwei „Journalisten" die Fragen stellen lassen oder den König ebenfalls befragen.
Möglicherweise ist es notwendig, die Schüler darauf hinzuweisen, dass sie sich keinesfalls auf blutige Details der Tötung des Drachens konzentrieren sollen!

Mögliche Anschlussaktivitäten **Definition** der **Textsorte** „Legende". [Lebensgeschichte eines Heiligen oder einzelne Ereignisse daraus; als Vorbild / Erbauung für den Leser gedacht; oft unglaublich und daher meist nicht geschichtlich verbürgt]

Alternativen

- Die Schüler überlegen sich in Partnerarbeit Fragen, die man Georg und der Prinzessin stellen könnte (fünf bis acht Minuten). Zwei Freiwillige übernehmen anschließend (unvorbereitet) bei einer **„Pressekonferenz"** die Rolle der Befragten (evtl. den abgedruckten Arbeitsauftrag vor der Vervielfältigung abschneiden).
- Für eine Einheit von 20 bis 25 Minuten kann man sich auf die Hinführung, den ersten Schritt der Hauptphase sowie die Definition der Textsorte beschränken.

Name: Klasse: Datum:

Max Bolliger: *Wie Georg den Drachen bezwang*

In einem See in der Nähe der Stadt Silena hauste ein schrecklicher Drache. Wo er hintrat, verwüstete er Felder und Wiesen. Auch den mutigsten Kriegern gelang es nicht, das Tier zu töten.

Um den Drachen zu besänftigen, beschlossen die verzweifelten Menschen, ihm jeden Tag zwei Schafe vorzuwerfen. Doch die Schafe waren bald aufgefressen und die Gier des Tieres wurde immer größer.

Es forderte Menschenopfer.

„Wenn wir ihm nicht zu Willen sind, wird das Tier in die Stadt eindringen und sie zerstören", befürchteten die Bewohner.

Die Opfer wurden durch das Los bestimmt. Auch Kinder blieben nicht verschont.

Eines Tages traf das Los die einzige Tochter des Königs.

„Nehmt die Hälfte meines Reiches, aber lasst mir mein Kind", bat der König.

„Das hilft uns nichts", sagten die Leute. „Auch du sollst dich an unsere Abmachung halten, sonst werden wir uns rächen."

Aus Erbarmen gewährten sie dem König acht Tage Zeit, um von seiner Tochter Abschied zu nehmen.

Nach dieser Zeit ließ der König die Prinzessin mit den schönsten Kleidern schmücken und führte sie vor die Tore der Stadt.

Als das Mädchen allein zum See lief, kam ihm ein fremder Ritter auf einem braunen Pferd entgegen.

Es war Georg.

„Warum weinst du?", fragte er.

„Ich muss sterben", antwortete die Prinzessin. „Ein schrecklicher Drache bedroht uns. Fliehe."

Doch Georg zeigte keine Angst.

„Ich will versuchen, dich zu retten", sagte er.

In diesem Augenblick fing das Wasser an zu brodeln und zu schäumen. Aus den Wellen stieg der Drache ans Ufer. Georg ritt ihm entgegen, und bevor dieser sich wehren konnte, erstach er ihn mit seiner Lanze.

Der König und das Volk, die alles aus der Ferne mit angesehen hatten, jubelten dem Ritter zu. Aber Georg sagte: „Gott hat mir die Kraft geschenkt, euch von dem Drachen zu erlösen. Nicht mir, sondern ihm müsst ihr danken."

Der König belohnte Georg mit Gold und Silber und Edelsteinen. Georg verteilte die Schätze unter den Armen der Stadt und kehrte in seine Heimat zurück.

(Aus: Max Bolliger (1998): Wie Georg den Drachen bezwang und 51 weitere Legenden für jede Woche des Jahres. © Verlag Herder GmbH: Freiburg im Breisgau, 4. Aufl. S. 61 f.)

Georg und die Prinzessin werden am Tag danach von einem Reporter der städtischen Tageszeitung interviewt.

1 Arbeitet zusammen und entwerft das Interview. Achtet darauf, sinnvolle Fragen zu stellen. Macht euch Notizen auf der Rückseite des Blattes. Ihr habt 12 Minuten Zeit.

2 Spielt der Klasse das Interview vor.

Margit Dietz | 45 Vertretungsstunden Deutsch | 978-3-589-23247-5

Ein Sachtext: „Lösungen aus der Natur"

13

Ziel / Leitidee	Textverständnis überprüfen
Klassenstufe	5 / 6
Vorbereitung / Material	beide Kopiervorlagen in Klassenstärke / Tafel, Kreide
Sozialform	gesamte Klasse, Einzelarbeit
Kompetenzbereich	Lesen – mit Texten umgehen

Hinführung Die Lehrkraft schreibt das Wort *Brunch* an die Tafel und erläutert, dass es sich dabei um eine Zusammensetzung aus Teilen der Wörter *breakfast* und *lunch* handelt, also ein „ausgedehntes und reichhaltiges, das Mittagessen ersetzendes Frühstück" (Duden). Im Anschluss werden die Schüler aufgefordert, die **Bestandteile der Wörter** *Kripo* [*Kriminalpolizei*], *Kita* [*Kindertagesstätte*], *Soko* [*Sonderkommando*] und *Bionik* [*Biologie* und *Technik*] herauszufinden. Um das Thema „Bionik" geht es auch im Text, der anschließend gelesen wird.

Hauptphase Der Text wird verteilt und von jedem Schüler zunächst still gelesen. Im Anschluss daran erhalten die Schüler die zweite Kopiervorlage. Die Aufgaben werden in **Stillarbeit** bearbeitet (Zeitvorgabe für die Bearbeitung der Aufgaben: zehn Minuten).

Ergebnissicherung Die Lösungen werden im Unterrichtsgespräch verglichen und korrigiert.
[Aufgabe 1: a) richtig, b) falsch, c) falsch, d) nicht im Text, e) richtig, f) falsch, g) nicht im Text, h) richtig, i) richtig; Aufgabe 2: Abschnitt 1 a), b); Abschnitt 6 f), h); Aufgabe 3: Leonardo da Vinci b), c), e); Bionik h), i), j)]

Alternativen Bei der Besprechung der Aufgaben suchen und unterstreichen die Schüler mit unterschiedlichen Farben (Rot für Aufgabe 1, Blau für Aufgabe 2 und Grün für Aufgabe 3) die Textstellen, welche Hinweise auf die Lösung der jeweiligen Frage enthalten.

Mögliche Anschlussaktivitäten Jeder Schüler schreibt einen **Tipp** auf: Was hat sich die Bionik von den folgenden Tieren und Pflanzen abgeschaut? Wofür? Die Schüler stellen vor der Auflösung ihre Ideen kurz vor:

- Pinguin [Körperform für die Form von U-Booten und Flugzeugen],
- Dinosaurier mit sehr langem, dünnem und beweglichem Hals [besonders hohe Kräne],
- Adler [Form und Funktion der Flügel als Vorbild für Tragflächen von Flugzeugen],
- Klette [Klettverschluss nach Vorbild der mit Haken versehenen kugelförmigen Früchte].

Name: Klasse: Datum:

Lösungen aus der Natur

1. Abschnitt

Blumen, die sich selbst reinigen, Tiere, die an der Decke laufen, oder Klebstoff, der unter Wasser funktioniert? Klingt unglaublich, ist aber wahr. Wunder dieser Art hat die Natur eine ganze Menge auf Lager. Für uns Menschen ein Riesenvorteil. Denn so müssen wir nicht alles selbst erfinden, sondern können uns vieles bei unserer Umwelt abschauen. Ein ganz neuer Wissenschaftszweig beschäftigt sich seit einigen Jahren verstärkt mit dieser Aufgabe: Bionik. Dieses Wort setzt sich zusammen aus Teilen der Wörter „Biologie" und „Technik".

2. Abschnitt

In Millionen von Jahren haben viele Tiere und Pflanzen faszinierende Ideen entwickelt, um ihr Überleben zu sichern. Nur weil sie sich so gut an ihre Umwelt angepasst haben, konnten sie weiter existieren oder ihre Lebensbedingungen verbessern. Auch wir Menschen haben im Laufe der Geschichte den technischen Fortschritt immer weiter vorangetrieben. Doch nach wie vor gibt es für viele technische Probleme keine passende Lösung. Und da soll uns die Natur helfen.

3. Abschnitt

In der Bionik geht es nicht darum, die Prinzipien der Natur haargenau nachzubauen. Das wäre gar nicht möglich. Die Forscher müssen vielmehr durch Experimente die Naturgesetze hinter den biologischen Vorgängen entschlüsseln. Diese werden dann mithilfe naturwissenschaftlicher Formeln beschrieben und – wenn möglich – technisch umgesetzt. Dabei arbeiten oft Wissenschaftler und Techniker verschiedener Fachrichtungen Hand in Hand, etwa Biologen und Ingenieure.

4. Abschnitt

Schon Leonardo da Vinci wusste, dass die Natur oft die besten Lösungen bietet. Das Genie aus dem 16. Jahrhundert kann vielleicht sogar als einer der ersten Bioniker der Geschichte bezeichnet werden – auch wenn es diesen Begriff damals noch gar nicht gab. Vom alten Traum des Fliegens motiviert, entwarf er nach dem Vorbild von Vögeln und Fledermäusen Flugapparate. Doch seine Entwürfe konnten in der Praxis noch nicht bestehen. In Deutschland betreibt man Bionik etwa seit 1950. Viele bionische Erfindungen wurden in der Anfangsphase noch rein zufällig gemacht. Erst seit einigen Jahren sind Wissenschaftler ganz gezielt in der Natur auf der Suche nach Vorbildern für technische Neuentwicklungen.

5. Abschnitt

Eine ganze Reihe von fantastischen Neuerungen hat man sich bereits bei Tieren und Pflanzen abgeschaut. So wird z. B. der Selbstreinigungseffekt der Lotusblume, an der Regenwasser abperlt und dabei gleichzeitig Schmutz entfernt, bei einer neuartigen Fassadenfarbe imitiert. Indem man die raue Haut von Haien nachahmt, können Schwimmer mithilfe spezieller Anzüge schneller durchs Wasser gleiten. Und die Kastenform des Kofferfisches bietet ein perfektes Vorbild für Autos mit geringem Luftwiderstand. Auch bei der Entwicklung von Robotern hat man sich vielfach an der Tierwelt orientiert. So diente z. B. der Gang der Stabheuschrecke als Anregung für die Steuerung des ersten Laufroboters. Nicht nur die äußere Beschaffenheit, sondern auch die Sinne von Tieren liefern wichtige Anregungen. So benutzen etwa Fledermäuse oder Wale Ultraschall zur Orientierung und Beutejagd. Das sind Prinzipien, die der Mensch heute in der Medizin und als Messtechnik bei Schiffen einsetzt.

6. Abschnitt

Auch wenn die Bionik als Wissenschaft noch am Anfang steht: Sie gilt als Technologie der Zukunft, die noch weiter an Bedeutung gewinnen wird und viele neue Arbeitsplätze schaffen soll. Doch schon jetzt ist man sich über ihre Grenzen im Klaren: Denn die Vorgänge in der Natur sind in vielen Bereichen einfach nicht zu übertreffen. So wird z. B. kein Flugzeug der Welt jemals die atemberaubenden Flugkünste einer Stubenfliege auch nur annähernd erreichen. Ein Nachteil besteht auch darin, dass sich viele biologische Prinzipien nicht umweltverträglich umsetzen lassen.

(Nach: http://www.wasistwas.de, 16.10.2010; Text gekürzt und leicht angepasst.)

Margit Dietz | 45 Vertretungsstunden Deutsch | 978-3-589-23247-5

Name: Klasse: Datum:

1 Überprüfe die folgenden Aussagen am Text und kreuze das Zutreffende an. ____/9

	richtig	**falsch**	**nicht im Text**
a) Damit sie überleben können, haben sich viele Pflanzen und Tiere im Lauf der Zeit verändert.	O	O	O
b) Nur die allerneuesten Flugzeuge fliegen so gut wie Stubenfliegen.	O	O	O
c) Für die Medizin hat die Bionik keinen Nutzen.	O	O	O
d) Den Lotuseffekt verwendet man bei Farben, Brillengläsern und Kleidungsstücken.	O	O	O
e) Als man mit Bionik begann, hat oft der Zufall bei Entdeckungen geholfen.	O	O	O
f) Eine ganz glatte Haut ermöglicht es Tieren und Menschen, besonders schnell zu schwimmen.	O	O	O
g) Ein amerikanischer Forscher hat „Bionik" aus Teilen der Wörter „Biologie" und „Technik" zusammengesetzt.	O	O	O
h) Manche Roboter und eine Art von Heuschrecken haben etwas gemeinsam.	O	O	O
i) Bioniker müssen herausfinden, welche Naturgesetze hinter den Vorgängen stecken, die sie nachmachen wollen.	O	O	O

2 Kreuze jeweils zwei Aussagen an, die auf die angegebenen Abschnitte zutreffen. Zu viel angekreuzte Aussagen ergeben Punktabzug! ____/4

Abschnitt 1 (Z. 1–6)	O a) Die Wunder der Natur können den Menschen das Leben leichter machen. O b) Die Biologie ist eine Wissenschaft, die zur Bionik gehört. O c) Bionik ist so alt wie die Menschheit. O d) Im Wasser funktioniert nur bionischer Klebstoff.
Abschnitt 6 (Z. 38–44)	O e) Die meisten bionischen Erfindungen sind besser als ihre Vorbilder in der Natur. O f) In Zukunft werden wahrscheinlich viele Leute im Bereich der Bionik arbeiten. O g) Bionische Erfindungen tragen immer zum Umweltschutz bei. O h) Die Bionik ist eine recht neue Wissenschaft.

3 Vervollständige die Satzanfänge so, dass insgesamt sechs zutreffende Aussagen zum Text entstehen. Zu viel angekreuzte Satzergänzungen ergeben Punktabzug! ____/6

Leonardo da Vinci

O a) hat den Begriff „Bionik" erfunden.
O b) träumte wie viele andere Menschen davon, fliegen zu können.
O c) hat sich bei seinen Erfindungen und Entwürfen von der Natur helfen lassen.
O d) hat herausgefunden, wie Fledermäuse ihren Weg finden.
O e) war ein früher Bioniker, wusste es nur nicht.

Die Bionik

O f) wurde 1950 in Deutschland erfunden.
O g) will natürliche Abläufe ganz genau nachmachen.
O h) ist eine Mischung aus verschiedenen Wissenschaften.
O i) soll den Menschen helfen und einige ihrer technischen Probleme lösen.
O j) wird in den kommenden Jahren noch wichtiger werden.

Margit Diez | 45 Vertretungsstunden Deutsch | 978-3-589-23247-5

14 Rund ums Jugendbuch: Rätsel zu Autoren, Titeln, Figuren, Verfilmungen

Ziel / Leitidee	spielerisch Leseinteresse und Lesefreude fördern
Klassenstufe	5 / 6
Vorbereitung / Material	beide Kopiervorlagen in Klassenstärke
Sozialform	gesamte Klasse, Partner- oder Gruppenarbeit
Kompetenzbereich	Lesen – mit Texten und Medien umgehen

Hinführung Die Lehrkraft fordert die Schüler auf, über ihre **derzeitige Lektüre** zu sprechen: *Was lest ihr gerade? Wie seid ihr auf dieses Buch gekommen? Wie gefällt es euch bisher? Was gefällt euch daran?*

Hauptphase Um das Thema „Lesen“ geht es auch in dem **Kreuzworträtsel**, das die Schüler in Kopie bekommen. In Partner- oder Gruppenarbeit (maximal vier Schüler) lösen die Schüler so viele Fragen wie möglich (Zeitvorgabe: 15 bis 20 Minuten).

Hinweis: Die Umlaute ä, ö und ü bleiben in den Lösungswörtern erhalten.

Ergebnissicherung Nach Ende der Arbeitszeit werden die Fragen im **Unterrichtsgespräch** vorgelesen und die Lösungen genannt. Man kann dabei entweder der Reihe nach vorgehen oder den Schülern überlassen, welche Fragen sie zuerst beantworten wollen.

[Lösungen: 1. Lachen; 2. Berlin; 3. Daniel; 4. Pseudonym; 5. Zeit; 6. Lottchen; 7. Mütter; 8. Cornelia; 9. Rennschwein; 10. Krabat; 11. Frankreich; 12. Mönch; 13. Kidnapper; 14. Liliput; 15. Wilde; 16. Klassenzimmer; 17. Hogwarts; 18. Hühner; 19. Knickerbocker; 20. Wunschpunsch; 21. Österreich; 22. Oma; 23. Pressler; 24. Konferenz; 25. Dschungelbuch; 26. Level; 27. Fragezeichen; 28. TKKG; 29. Hobbit; 30. Lindgren; 31. Tintenherz; 32. München; 33. Schatz; 34. Freitag; Lösungswort: Mississippi]

Mögliche Anschlussaktivitäten **Unterrichtsgespräch** zu den Büchern und Autoren, die im Rätsel vorkommen: *Welche der genannten Bücher kennt ihr? Warum haben sie euch gefallen? Welche anderen Bücher der genannten Autoren kennt ihr? Warum kann man sie weiterempfehlen? Zu welchen Büchern gibt es Verfilmungen? Sind die Filme sehenswert?*

Name: Klasse: Datum:

Rund ums Jugendbuch

Löse das Kreuzworträtsel und finde das Lösungswort.

1. Was verkauft Timm Thaler in einer Geschichte von James Krüss?
2. In welcher Stadt müssen „Emil und die Detektive“ den Dieb finden, der im Zug Emils Geld gestohlen hat?
3. Wie heißt der Schauspieler mit Vornamen, der den Harry Potter in den Romanverfilmungen spielt?
4. Der Autor von „Tom Sawyer und Huckleberry Finn“ benutzte den Namen Mark Twain, hieß aber eigentlich Samuel Langhorne Clemens. Wie nennt man so einen Künstlernamen auch?
5. Was stehlen die grauen Herren den Menschen in Michael Endes Roman „Momo“?
6. Wie heißt das Mädchen, das es in einem Buch von Erich Kästner doppelt gibt?
7. Sabine Ludwig hat eine Geschichte über „Die schrecklichsten ... der Welt“ geschrieben.
8. Wie heißt Frau Funke, die Autorin der spannenden Geschichte „Herr der Diebe“, mit Vornamen?
9. Um welches besondere Tier handelt es sich bei „Rudi Rüssel“ aus Uwe Timms Roman?
10. Wie heißt der Müllerbursche, den Otfried Preußler unheimliche Dinge erleben lässt?
11. In welchem Land spielt Wolfgang Kuhns spannendes Abenteuer „Mit Jeans in die Steinzeit“?
12. Um welche schwarze Gestalt geht es in einem historischen Roman von Harald Parigger?
13. Wen verfolgen Rico und Oskar in Andreas Steinhöfels Buch „Rico, Oskar und die Tieferschatten“?
14. Wie heißt in Jonathan Swifts Roman „Gullivers Reisen“ die Insel, auf der die winzigen Menschen leben?
15. Ein Ire hat die Geschichte über „Das Gespenst von Canterville“ geschrieben. Mit Vornamen heißt der Autor Oscar. Wie heißt er mit Nachnamen?
16. Was lassen die Hauptfiguren in einem Roman von Erich Kästner in die Lüfte gehen?
17. Wie heißt die Schule, die Harry Potter und seine Freunde besuchen?
18. Vor allem junge Leserinnen mögen diese Geschichten von Frau Funke, in denen es um „Die wilden ...“ geht.
19. Wie heißt die Bande, die in den Büchern von Thomas Brezina spannende Fälle löst?
20. Wie heißt der vollständige Titel eines Romans von Michael Ende: „Der satanarchäolügenialkohöllische ...“?
21. Aus welchem Land kommt die Autorin Christine Nöstlinger, die unter anderem „Das Austauschkind“ geschrieben hat?
22. Nach welchem Familienmitglied ist ein bekanntes Jugendbuch von Peter Härtling benannt?
23. Die Autorin von „Malka Mai“ und „Novemberkatzen“ hat schon viele Preise gewonnen. Mit Vornamen heißt sie Mirjam. Wie lautet ihr Nachname?
24. Was halten die Tiere in Erich Kästners Roman ab, der 2010 als Zeichentrickfilm in die Kinos kam?
25. Der Engländer Rudyard Kipling hat diese berühmte Geschichte vom Findelkind Mowgli geschrieben. Wie heißt sie?
26. Vervollständige den Titel von Andreas Schlüters Jugendbuch: „... 4 Die Stadt der Kinder“.
27. Die drei Spürnasen aus dieser Serie sind bekannt als die drei ...?
28. Unter welcher Abkürzung kennt man die vier Freunde aus Stefan Wolfs Krimireihe?

Margit Diez | 45 Vertretungsstunden Deutsch | 978-3-589-23247-5

Name: Klasse: Datum:

29. Wie heißt die kleine Titelfigur in einem berühmten Fantasyroman von J.R.R. Tolkien?
30. Diese schwedische Autorin hat unter anderem über „Ferien auf Saltkrokan" und „Kalle Blomquist" geschrieben. Mit Vornamen heißt sie Astrid. Wie lautet ihr Nachname?
31. Außer „Tintentod" und „Tintenblut" gibt es auch noch diesen Titel.
32. Wo lebte und starb Erich Kästner, der Autor von „Pünktchen und Anton"?
33. In einem Roman von Uwe Timm wollen vier Freunde das auf einer unbewohnten Insel in der Elbe finden.
34. Wie heißt Robinson Crusoes Gefährte?

1–11: Welcher Fluss spielt eine wichtige Rolle in den Geschichten von Tom Sawyer und Huckleberry Finn?

__ __ __ __ __ __ __ __ __ __ __
1 2 3 4 5 6 7 8 9 10 11

Margit Dietz | 45 Vertretungsstunden Deutsch | 978-3-589-23247-5

Gestalterisches Schreiben: Gruselige Gedichte

Ziel / Leitidee	Wortschatz erweitern, zu einem Rahmenthema eigene Ideen entwickeln und sie gestalterisch zum Ausdruck bringen
Klassenstufe	5 / 6
Vorbereitung / Material	Tafel, Kreide; Schülerhefte; ggf. je Schüler ein Blatt Papier
Sozialform	gesamte Klasse, Einzelarbeit
Kompetenzbereich	Schreiben

Hinführung An der Tafel entsteht aus dem Unterrichtsgespräch heraus eine **Wörter- und Ideensammlung** zum Thema „Gruselig!“, z. B.:

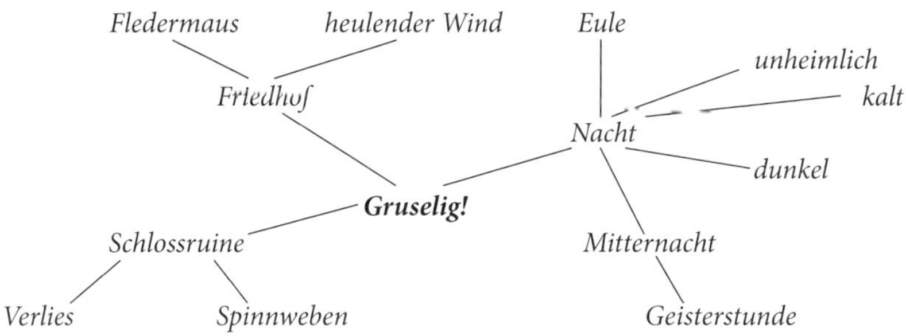

Hauptphase

- Mit Wörtern aus der Sammlung (nacheinander abstreichen!) verfasst die Lehrkraft an der Tafel ein **Elfchen**, z. B.:

Dunkel,
die Nacht.
Ein Käuzchen schreit,
der Mond hinter Wolken,
schaurig!

- Im **Unterrichtsgespräch** sollen die Schüler herausfinden, wie dieses „Elfchen“ aufgebaut ist: insgesamt elf Wörter in fünf Zeilen 1. Zeile: ein Wort, 2. Zeile: zwei Wörter, 3. Zeile: drei Wörter, 4. Zeile: vier Wörter, 5. Zeile: ein Wort.

Tipp: Man kann weitere Festlegungen zur Gestaltung (z. B. erstes und letztes Wort = Adjektiv) oder zum gedanklichen Aufbau des Elfchens (z. B. letzte Zeile = Ergebnis oder Zusammenfassung der Zeilen 1 bis 4) treffen. Um die Schüler in ihrer Gestaltungsfreiheit nicht zu sehr einzuschränken, empfiehlt es sich aber, zunächst darauf zu verzichten.

- Die Schüler erhalten folgenden Arbeitsauftrag (**Stillarbeit**): *Verfasse selbst ein Elfchen zum Thema „Gruselig!". Du kannst Wörter aus der Sammlung an der Tafel einbauen, aber auch eigene Ideen verwenden. Du hast zehn Minuten Zeit.*

Ergebnissicherung / Präsentation Nach Ende der Arbeitsphase lesen die Schüler ihre Gedichte vor.

Mögliche Anschlussaktivitäten

- Falls es im Klassenzimmer die Möglichkeit gibt, Schülerarbeiten aufzuhängen, kann man die Elfchen in großer Schrift auf je ein Blatt Papier schreiben und mit einer kleinen Zeichnung illustrieren lassen.
- *Wähle ein **anderes Thema**, sammle dazu Ideen und verfasse ein Elfchen.* Denkbar wären Themen wie „Wütend!", „Glücklich!", „Lecker!", „Spannend!", „Super!".

Alternativen Um den Schülern mehr **Gestaltungsfreiheit** zu lassen, kann man zunächst mehrere Ideensammlungen anfertigen (Themen siehe „Mögliche Anschlussaktivitäten") und die Schüler wählen lassen, zu welchem Thema sie ein Elfchen verfassen möchten.

Begründen und Diskutieren: Das TV-Programm

16

Ziel / Leitidee	den Inhalt von kurzen Texten erfassen, Meinungen begründen, argumentieren
Klassenstufe	7 / 8
Vorbereitung / Material	beide Kopiervorlagen in Klassenstärke
Sozialform	gesamte Klasse, Einzelarbeit
Kompetenzbereich	Lesen – mit Texten umgehen, Sprechen

Hinführung Die Schüler werden in einem kurzen **Unterrichtsgespräch** aufgefordert, ihre Freizeitgestaltung (v. a. die Abende betreffend) zu beschreiben. Vermutlich wird Fernsehen als mögliche Aktivität genannt. Man kann an dieser Stelle noch erfragen, wer das Programm auswählt und nach welchen Kriterien dies geschieht.

Hauptphase

- Die Schüler werden aufgefordert, die auf der Kopiervorlage abgedruckten Informationen zu verschiedenen TV-Sendungen vorzulesen. Im Anschluss daran sollen sie die Sendung mit einem grünen Rahmen kennzeichnen, die sie spontan am meisten anspricht.
- Anschließend untersucht jeder Schüler die von ihm gewählte Sendung in **Stillarbeit** genauer und notiert Stichpunkte im vorgegebenen Raster. Mit diesen Informationen bereiten die Schüler **kurze Statements** vor, warum sie diesen Programmpunkt wählen würden. Zeitvorgabe: 15 Minuten. Während der Arbeitsphase wählt die Lehrkraft zu jeder Sendung ein bis zwei Schüler aus, die ihre Statements (vor der Klasse) vortragen sollen. Die farbigen Rahmen lassen auf einen Blick erkennen, wie die Schüler zu den Sendungen stehen.

Ergebnissicherung / Präsentation Nacheinander tragen die ausgewählten Schüler ihre Begründungen vor. Man kann entweder an jedes Statement eine **kurze Diskussion** anschließen oder aber die Diskussion nach Abschluss aller Kurzvorträge führen.

Mögliche Anschlussaktivitäten

- Wird eine Sendung von keinem der Schüler gewählt, kann dies in der Klasse thematisiert werden: *Warum lehnt ihr diese Sendung ab? Was gefällt euch daran nicht?*
- In Stillarbeit erledigen die Schüler schriftlich folgende Aufgabe: *Verfasse selbst einen kurzen Text über einen Film oder eine Sendung, den / die du gerne anschauen würdest. Verwende die Rückseite einer Kopiervorlage.*

Name: Klasse: Datum:

Das TV-Programm

1	**20.40 Uhr Von Venedig bis Peking: Auf Marco Polos Spuren**	2	**21.00 Uhr Rock the world**
	Marco Polo war gerade 17 Jahre alt, als er sich 1271 mit seinem Vater und seinem Onkel auf eine Reise begab, die ihn zu einer Legende machte: Von seiner Heimatstadt Venedig aus folgte er der Seidenstraße bis nach Peking. Erst 24 Jahre später erreichte er Venedig wieder, wo er sein berühmtes „Buch von den Wundern der Welt" verfasste. Der Journalist Morton Bright hat noch einmal die Route bereist, auf der vor mehr als 700 Jahren der junge Kaufmann aus Venedig unterwegs war. Sein Weg führt ihn durch die Kargheit der Wüste, über schroffe Gebirge und in faszinierende Städte – eine Reise, die bis heute ein Abenteuer geblieben ist! Fünfteilige Dokumentation, jeweils 45 Min., Teil 2 morgen.		Live aus dem New Yorker Central Park erleben wir ein Konzert der Superlative: Fünf Stunden lang treten Top-Musiker aus allen Erdteilen auf, um sich für die Kinder dieser Welt einzusetzen. Rock und Pop von heute und aus den letzten beiden Jahrzehnten sorgen für beste Stimmung! Der Entertainer Robbie Williams begleitet die Zuschauer vor Ort und an den Fernsehschirmen durch das Programm. Die Erlöse aus der Veranstaltung und sämtliche Werbeeinnahmen gehen an das Kinderhilfswerk UNICEF – alle Stars verzichten im Kampf gegen Armut und Hunger auf ihre Gage! Lassen Sie sich dieses musikalische Highlight nicht entgehen!
3	**20.15 Uhr Die drei Musketiere**	4	**18.30 Uhr Wer weiß mehr?**
	Frankreich im frühen 17. Jahrhundert: Der hitzköpfige D'Artagnan verlässt seine Heimat, um sich in Paris der königlichen Garde der Musketiere anzuschließen. Was er nicht weiß: Dort hat man inzwischen die Musketiere offiziell aus dem Dienst entlassen. Die drei besten jedoch – Athos, Porthos und Aramis – weigern sich, ihre Schwerter niederzulegen. Nach einigen Missgeschicken freundet D'Artagnan sich mit ihnen an. Gemeinsam kämpfen sie nun gegen Kardinal Richelieu und seine finsteren Pläne: Mithilfe einer geheimnisvollen Lady beabsichtigt dieser, eine Allianz mit England einzugehen und den jungen französischen König ermorden zu lassen. D'Artagnan und seine drei Freunde scheuen kein Risiko, um König und Vaterland zu beschützen … Abenteuerfilm mit Starbesetzung und preisgekrönter Filmmusik (USA, 1993; 105 Min.).		Wieder einmal stellen sich vier Teams den Fragen und Aufgaben unseres Moderators: Diesmal treten zwei prominente Mütter mit ihren Töchtern gegen zwei Väter aus dem Publikum mit ihren Söhnen an. Wie immer müssen zahlreiche Fragen aus verschiedenen Wissensgebieten beantwortet werden, aber die Kandidaten müssen bei den Aktionsrunden auch Schnelligkeit und Geschick beweisen, um an Punkte zu kommen. Wer sieht dabei besser aus? Die Promis, die Jugendlichen, die Väter, die Mütter? Den Siegern winken am Ende bis zu 100.000 Euro – von den Prominenten traditionell für einen guten Zweck gespendet. Bei der Zuschauerrunde können Sie sogar mit gewinnen! Wöchentliche Quizsendung für die ganze Familie (80 Min.).

Margit Dietz | 45 Vertretungsstunden Deutsch | 978-3-589-23247-5

Name: Klasse: Datum:

Notiere in der Tabelle Stichpunkte zu der Sendung, die dir am besten gefällt. Benutze deine Stichpunkte als Grundlage für eine ein- bis zweiminütige Begründung, warum du die von dir gewählte Sendung empfehlen würdest.

	Sendung Nummer ___
Worum geht es? Was ist das **Thema** der Sendung? Was finde ich daran interessant?	
Wer tritt auf? Sind mir die **Figuren** sympathisch? Was finde ich an ihnen interessant?	
Ort und **Zeit**: Wo und wann spielt die Handlung? Was spricht mich daran an?	
Welche praktischen Überlegungen spielen eine Rolle: **Sendezeit**, **Länge**, **Mehrteiler** usw.?	
Welche **Erwartungen** habe ich an die Sendung: Unterhaltung, Spannung, Entspannung, Information, Aktualität?	

Margit Dietz | 45 Vertretungsstunden Deutsch | 978-3-589-23247-5

17 Ein Interview mit einer berühmten Persönlichkeit

Ziel / Leitidee	gestalterisch schreiben, situationsangemessen sprechen, Empathiefähigkeit entwickeln
Klassenstufe	7 / 8
Vorbereitung / Material	Kopiervorlage in Klassenstärke / Notizpapier
Sozialform	gesamte Klasse, Gruppenarbeit
Kompetenzbereich	Schreiben, Sprechen und Zuhören

Hinführung Die Lehrkraft führt ein kurzes **Quiz** zum Thema „Jeans" durch. Die Schüler sollen ihre Antworten auf einem Zettel notieren:

- *Wie viele Taschen hat eine klassische Jeans?* [fünf]
- *Woraus ist Denim, der Stoff aus dem Jeans gefertigt werden?* [Baumwolle]
- *Das Wort „Jeans" kommt vom verballhornten Namen welcher italienischen Stadt?* [Genua]
- *Wann stellte die Firma Mustang die erste Jeans für Frauen her?* [1953]
- *Wer gilt als Erfinder der Jeans?* [Levi Strauss]

Mit der letzten Antwort leitet die Lehrkraft über zum Thema der Stunde: „Ein Interview mit Levi Strauss".

Hauptphase

- Die Schüler erhalten die Kopiervorlage mit den Informationen zu Levi Strauss, die zunächst laut vorgelesen werden.
- Die Klasse wird in Gruppen zu drei bis vier Schülern eingeteilt. In **Gruppenarbeit** erledigen die Schüler den auf der Kopiervorlage abgedruckten Arbeitsauftrag. In Vierergruppen gibt es entweder zwei Interviewer oder drei Befragte. Die Entscheidung kann man den Schülern selbst überlassen.

Ergebnissicherung / Präsentation Nach dem Ende der Arbeitszeit spielen die einzelnen Gruppen ihr Interview vor. An das **Rollenspiel** schließt sich eine **Feedback-Runde** an: Lehrkraft und Mitschüler loben Gelungenes und machen Verbesserungsvorschläge.

Mögliche Anschlussaktivitäten Nach dem Abschluss eines Interviews können noch ein bis zwei **Fragen** aus dem „Publikum" gestellt werden, auf die die Spieler spontan reagieren müssen.

Alternativen Wer für mehr Abwechslung sorgen will, kann den Schülern auch **verschiedene Lebensläufe** aushändigen, sodass – im Idealfall – jede Gruppe ein anderes Interview führt. Geeignet wären z. B. Alexander von Humboldt, Amelia Earhart, Heinrich Schliemann, Albert Schweitzer, Otto Lilienthal. Es ist jedoch oft problematisch, die Lebensläufe berühmter Persönlichkeiten so zu reduzieren, dass sie für die Schüler zu bewältigen sind.

Name: Klasse: Datum:

Ein Interview mit einer berühmten Persönlichkeit

Levi Strauss – Erfinder der Jeans

Strauss wurde unter dem Namen Löb Strauß am 26. Februar 1829 im oberfränkischen Buttenheim bei Bamberg als Sohn jüdischer Eltern geboren.

Sein Vater, Hirsch Strauß, ein armer Hausierer, starb an Tuberkulose, als Löb 16 Jahre alt war. Die vielköpfige Familie geriet in wirtschaftliche Not.

1847 wanderte seine Mutter Rebecca mit den jüngsten Kindern – ihm und zwei seiner Schwestern – nach Amerika aus. Sie folgten damit den beiden ältesten Strauss-Brüdern nach New York, die sich dort ihr Brot durch Textilhandel verdienten. Strauss nannte sich fortan Levi, erwarb die amerikanische Staatsbürgerschaft und betätigte sich im Geschäft der Brüder.

Die Nachricht von Goldfunden verbreitete sich unterdessen von der amerikanischen West- an die Ostküste. 1853 folgte Levi Strauss dem Goldrausch und zog nach San Francisco. Sein Schwager, sein Bruder Louis und er gründeten dort einen Handel für Kurzwaren und Stoffe. Das Sortiment wurde ergänzt durch Dinge wie Zahnbürsten, Hosenträger, Knöpfe und Ausgehkleidung für die rauen Wildwest-Pioniere.

Strauss verkaufte seine Waren nicht nur in San Francisco, sondern aufgrund der dort gezahlten Preise auch bei den Goldgräbern vor Ort. Strauss fand bald heraus, dass die Goldgräber bei ihrer harten Arbeit strapazierfähige Hosen benötigten. Seine ersten Hosen ließ er von einem Schneider aus Segeltuch anfertigen. Angeblich war der erste Kunde seiner Hosen von diesen so begeistert, dass er die ganze Nacht durch die Stadt zog und jedem davon erzählte.

Die ersten Hosen waren noch braun, aus dem Material Hanf und wurden von Hosenträgern gehalten. Bald stieg Strauss auf Denim um, einen Baumwollstoff, der mit Indigo blau gefärbt wurde. Die Nähte der Hosentaschen waren jedoch nicht robust genug, da die Goldgräber ihre Hosentaschen mit allerhand Material aus den Minen vollstopften.

Im Dezember 1870 kam der aus Riga stammende Schneider Jacob Davis auf die Idee, die Ecken der Hosentaschen und das untere Ende des Hosenlatzes mit Nieten eines Pferdegeschirrs zu verstärken. Weil ihm für die Patentierung seines 1872 entwickelten Verfahrens Geld fehlte, wandte er sich an Levi Strauss, der ihm Tuchballen lieferte. Strauss unterstützte das Vorhaben und erhielt am 20. Mai 1873 zusammen mit Davis ein Patent darauf. Die vernieteten Waist Overalls stießen auf eine riesige Nachfrage. Bis zum Jahresende wurden 5875 Dutzend Hosen und Mäntel aus Denim verkauft. Zwei Fabriken produzierten diese Hosen. Zehn Jahre später waren bereits 535 Angestellte für das Unternehmen tätig.

Seine 1853 gegründete Firma Levi Strauss & Company hinterließ er seinen vier Neffen, da er selbst keine Kinder hatte. Aus dem von Levi Strauss mit gegründeten Unternehmen entwickelte sich ein international ausgerichteter Konzern mit rund 10.700 Beschäftigten, der seine Produkte in über 100 Länder liefert.

Im Jahr 1902 starb der Textilproduzent am 26. September unerwartet in seinem Haus in San Francisco, in dem er mit der Familie seiner Schwester Fanny lebte. Er wurde auf dem Friedhof Hills of Eternity in Colma südlich von San Francisco beigesetzt.

(Aus: http://de.wikipedia.org/wiki/Levi_Strauss, 13.03.2011.)

Es ist das Jahr 1901. Erarbeitet in der Gruppe ein Interview mit Levi Strauss sowie mindestens einer weiteren Person aus seinem Umfeld. Achtet dabei darauf, nicht nur nach Fakten zu fragen, sondern auch die möglichen Gefühle, Träume, Ängste usw. der Personen in euer Interview einzubeziehen. Achtet zudem darauf, eine angemessene Sprache zu verwenden. Arbeitszeit: 15 Minuten.

Margit Dietz | 45 Vertretungsstunden Deutsch | 978-3-589-23247-5

18 Einen Text erfassen und vorlesen: Eine Dramenszene

Ziel / Leitidee	eine Dramenszene inhaltlich erfassen, sinnentnehmend und gestaltend vorlesen
Klassenstufe	7 / 8
Vorbereitung / Material	Kopiervorlage in Klassenstärke / Tafel, Kreide; Schülerhefte oder Notizpapier
Sozialform	gesamte Klasse, Partnerarbeit
Kompetenzbereich	Lesen – mit Texten umgehen, Sprechen und Zuhören

Hinführung Zu Beginn der Stunde sammelt die Klasse Ausdrücke, mit denen die **Art einer Äußerung** beschrieben werden kann. Die Lehrkraft gibt einige Beispiele vor und notiert dann die geäußerten Vorschläge ebenfalls an der Tafel (die Schüler können sich später aus diesem Wortspeicher bedienen). Hier eine Auswahl möglicher Begriffe:

> *abwesend, aggressiv, ängstlich, ärgerlich, aufgeregt, bekümmert, beleidigt, besorgt, bestimmt, betroffen, böse, demütig, empört, entrüstet, entsetzt, entzückt, flehend, fragend, freudig, fröhlich, gebieterisch, gekränkt, gereizt, gleichgültig, höhnisch, interessiert, ironisch, irritiert, kritisch, laut, lebhaft, leise, mitleidig, nervös, neugierig, ruhig, scharf, schluchzend, schockiert, schwermütig, spöttisch, stockend, stutzend, teilnahmslos, traurig, überrascht, ungeduldig, unterwürfig, verdrossen, wütend, zerstreut usw.*

Hauptphase

- Die Schüler erhalten die Kopiervorlage mit dem leicht bearbeiteten Beginn der ersten Szene von Schillers Schauspiel *Die Räuber*. Die Äußerungen der beiden Figuren sind in Spalten angeordnet und fortlaufend nummeriert. Zunächst lesen zwei Schüler den Szenenausschnitt vor und es werden **unbekannte Begriffe** und unverständliche Äußerungen **geklärt** (z. B. *Korrespondent* (hier): Briefpartner, der regelmäßig Berichte über Karls Leben in Leipzig liefert; *du ersparst mir die Krücke:* du ersparst mir ein langes Leiden). Außerdem kann mit wenigen gezielten Fragen das **Textverständnis überprüft** werden.
- In Partnerarbeit gehen die Schüler den Text noch einmal durch und notieren ober- und unterhalb der Redebeiträge geeignete **Ausdrücke zur Beschreibung der Redeweise**. Zudem üben sie, den **Dialog** im richtigen Tempo, mit passenden Sprechpausen und in einer angemessenen Gestaltung **vorzulesen** (Zeit: zwölf Minuten).

Ergebnissicherung / Präsentation Nach dem Ende der Arbeitszeit lesen mehrere Teams den Dialog vor. Nach jedem Vortrag folgt eine kurze **Feedback-Runde**.

Mögliche Anschlussaktivitäten In **Stillarbeit** und schriftlich erledigen die Schüler den Arbeitsauftrag: *Was bekommt der Vater von Franz zu hören? Verfasse den nächsten Redebeitrag des Franz Moor (Zeit: fünf Minuten).* Einige Ergebnisse werden anschließend vorgelesen und von der Klasse bewertet.

Name: Klasse: Datum:

Friedrich Schiller: *Die Räuber*

(1. Akt, 1. Szene, leicht bearbeitet)

Die Szene spielt Mitte des 18. Jh. im Schloss des Grafen Moor. Karl, der ältere Sohn und Liebling seines Vaters, hält sich zum Studium in Leipzig auf. Der jüngere Sohn Franz versucht aus Eifersucht seit Langem, den Vater gegen Karl aufzuhetzen.

Franz	**Der alte Moor**
1. Aber ist Euch wohl, Vater? Ihr seht so blass aus.	2. Ganz wohl, mein Sohn – was hattest du mir zu sagen?
3. Die Post ist angekommen – ein Brief von unserm Korrespondenten in Leipzig –	4. Nachrichten von meinem Sohn Karl?
5. Hm! Hm! So ist es. Aber ich fürchte – ich weiß nicht – ob ich – Eurer Gesundheit? – Ist Euch wirklich ganz wohl, mein Vater?	6. Wie dem Fisch im Wasser! Von meinem Sohne schreibt er? – Wie kommst du zu dieser Besorgnis? Du hast mich zweimal gefragt.
7. Wenn Ihr krank seid – nur die leiseste Ahnung habt, es zu werden, so lasst mich – ich will zu gelegnerer Zeit zu Euch reden. Diese Nachricht ist nicht für einen zerbrechlichen Körper.	8. Gott! Gott! Was werd' ich hören?
9. Lasst mich vorerst auf die Seite gehen und eine Träne des Mitleids vergießen um meinen verlornen Bruder – ich sollte schweigen auf ewig – denn er ist Euer Sohn; ich sollte seine Schande verhüllen auf ewig – denn er ist mein Bruder. – Aber Euch gehorchen, das ist meine erste, traurige Pflicht – darum vergebt mir.	10. O Karl! Karl! Wüsstest du, wie dein Verhalten das Vaterherz foltert! Wie eine einzige frohe Nachricht von dir meinem Leben zehn Jahre hinzufügen würde – mich zum Jüngling machen würde! – da mich nun jede, ach! – einen Schritt näher ans Grab rückt!
11. Ist es das, alter Mann, so lebt wohl – wir alle würden uns noch heute die Haare ausraufen über Eurem Sarg.	12. Bleib! – Es bleibt nur noch ein kleiner kurzer Schritt zu tun – lass ihm seinen Willen! Die Sünden seiner Väter rächen sich in der dritten und vierten Generation – lass ihn's vollenden.
13. Ihr kennt unsern Korrespondenten! Seht! Den Finger meiner rechten Hand wollt' ich drum geben, dürft' ich sagen, er ist ein Lügner, ein schwarzer, giftiger Lügner – Fasst Euch! Ihr vergebt mir, wenn ich Euch den Brief nicht selbst lesen lasse – und Ihr dürft nicht alles hören.	14. Alles, alles – mein Sohn, du ersparst mir die Krücke.

(Nach: Friedrich Schiller: Die Räuber. Reclam Verlag: Stuttgart, 1969. S. 9/10.)

Margit Dietz | 45 Vertretungsstunden Deutsch | 978-3-589-23247-5

19 Wortarten, Satzglieder, Satzarten – Zuordnungsaufgabe

Ziel / Leitidee	Wortarten, Satzglieder und Satzarten bestimmen, grammatische Grundbegriffe wiederholen und sicher verwenden
Klassenstufe	7 / 8
Vorbereitung / Material	Zerschneiden von zwei auf DIN A3 vergrößerten Kopien der Vorlage (64 Begriffskarten) / Magnete bzw. Klebestreifen zum Befestigen der Karten; Tafel, Kreide; Schülerhefte bzw. Notizpapier
Sozialform	gesamte Klasse, Einzelarbeit
Kompetenzbereich	Sprache und Sprachgebrauch untersuchen

Hinführung Die Lehrkraft schreibt die **Oberbegriffe** der drei folgenden Spalten an die Tafel. Mit der Klasse werden anschließend die jeweiligen grammatischen Fachbegriffe gesammelt:

Wortarten	***Satzglieder***	***Satzarten***
Nomen, bestimmter Artikel, unbestimmter Artikel, Adjektiv, Vollverb, Hilfsverb, Modalverb, Numerale, Personalpronomen, Possessivpronomen, Reflexivpronomen, Demonstrativpronomen, Indefinitpronomen, Interrogativpronomen, Relativpronomen, Adverb, Präposition, Konjunktion	*Subjekt, Prädikat, Prädikativ, Akkusativobjekt, Dativobjekt, Genitivobjekt, Präpositionalobjekt, adverbiale Bestimmung*	*Hauptsatz: Aussagesatz, Hauptsatz: Fragesatz, Nebensatz: Relativsatz, Nebensatz: Subjektsatz, Nebensatz: Objektsatz, Nebensatz: Adverbialsatz*

Nun verteilt die Lehrkraft die gemischten Karten (zwei bis drei an jeden Schüler).

Hauptphase

- Anschließend werden die Wörter eines Satzes untereinander an die Tafel geschrieben. Zunächst werden die **Wortarten bestimmt**, anschließend die **Satzglieder** und zuletzt die **Satzarten**: Diejenigen Schüler, die den passenden Begriff vor sich haben, melden sich und erklären, wo sie ihre Karten an der Tafel befestigen möchten. Zusammengehöriges wird mit einer geschweiften Klammer gekennzeichnet. Das ergibt letztlich folgendes Bild:

	Wortarten	*Satzglieder*	*Satzarten*
Wenn	*Konjunktion*		
draußen	*Adverb*		*Nebensatz:*
die	*bestimmter Artikel*	*adverbiale Bestimmung*	*Adverbialsatz*
Sonne	*Nomen*		
scheint,	*Vollverb*		
haben	*Vollverb*	*Prädikat*	*Hauptsatz:*
alle	*Indefinitpronomen*		*Aussagesatz*
Leute	*Nomen*	*Subjekt*	
gute	*Adjektiv*		
Laune.	*Nomen*	*Akkusativobjekt*	

- Die Analyse des nächsten Satzes nehmen die Schüler zunächst in **Stillarbeit** schriftlich vor. Es kann sich dabei um beliebige Sätze (z. B. aus einem Text im Deutschbuch) handeln. Die Schüler können auch selbst Sätze auswählen und vorschlagen. Folgende Beispielsätze können ebenfalls verwendet werden:

	Wortarten	**Satzglieder**	**Satzarten**
Gestern	Adverb	adverbiale Bestimmung	Hauptsatz: Aussagesatz
habe	Hilfsverb	Prädikat (1. Teil)	
ich	Personalpronomen	Subjekt	
mit	Präposition	adverbiale Bestimmung	
vielen	Indefinitpronomen		
Freunden	Nomen		
meinen	Possessivpronomen	Akkusativobjekt	
dreizehnten	Numerale		
Geburtstag	Nomen		
gefeiert.	Vollverb	Prädikat (2. Teil)	

	Wortarten	**Satzglieder**	**Satzarten**
Dass	Konjunktion	Subjekt	Nebensatz: Subjektsatz
unser	Possessivpronomen		
Vater	Nomen		
so	Adverb		
unordentlich	Adjektiv		
ist,	Vollverb		
stört	Vollverb	Prädikat	Hauptsatz: Aussagesatz
uns	Personalpronomen	Akkusativobjekt	
sehr.	Adverb	adverbiale Bestimmung	

Ergebnissicherung Im Anschluss an die Stillarbeitsphase werden die Ergebnisse überprüft und die Karten an der passenden Stelle an der Tafel befestigt. Dieses Vorgehen ist beliebig oft wiederholbar.

Name: Klasse: Datum:

Wortarten, Satzglieder, Satzarten – Begriffskarten

Nomen	**bestimmter Artikel**	**unbestimmter Artikel**	**Adjektiv**
Vollverb	**Hilfsverb**	**Modalverb**	**Präposition**
Adverb	**Konjunktion**	**Personal-pronomen**	**Possessiv-pronomen**
Demonstrativ-pronomen	**Relativ-pronomen**	**Reflexiv-pronomen**	**Indefinit-pronomen**

Margit Dietz | 45 Vertretungsstunden Deutsch | 978-3-589-23247-5

Name: Klasse: Datum:

Interrogativ-pronomen	Numerale	Subjekt	Prädikat
Prädikativ	Akkusativ-objekt	Dativobjekt	Präpositional-objekt
Genitivobjekt	adverbiale Bestimmung	Hauptsatz: Aussagesatz	Hauptsatz: Fragesatz
Nebensatz: Relativsatz	Nebensatz: Subjektsatz	Nebensatz: Objektsatz	Nebensatz: Adverbialsatz

Margit Diez | 45 Vertretungsstunden Deutsch | 978-3-589-23247-5

20 Das Adjektiv-Alphabet

Ziel / Leitidee	Adjektive sammeln, Synonyme und Antonyme finden
Klassenstufe	7 / 8
Vorbereitung / Material	Tafel, Kreide; Schülerhefte oder Notizpapier
Sozialform	gesamte Klasse, Partnerarbeit
Kompetenzbereich	Sprache und Sprachgebrauch untersuchen

Hinführung Die Lehrkraft schreibt die **Buchstaben** des Alphabets (ohne x und y) **untereinander** an die Tafel und fordert die Schüler auf, Adjektive mit diesen Anfangsbuchstaben zu nennen. Aus den Vorschlägen wählt die Lehrkraft zu jedem Buchstaben ein passendes Adjektiv aus und hält es an der Tafel fest. Die Schüler schreiben mit.

Achtung: Keine Farbadjektive zulassen! Darauf achten, dass nicht bereits in der Liste Synonyme oder Gegensatzpaare auftauchen.

Hauptphase

- Im **Unterrichtsgespräch** werden die Schüler aufgefordert, ein **Synonym** und ein **Antonym** zum ersten Adjektiv auf der Liste zu finden.

Hinweis: Die Begriffe müssen evtl. wiederholt / geklärt werden oder man verwendet stattdessen die Umschreibungen:
Synonym = Wort mit gleicher Bedeutung,
Antonym = Wort mit gegenteiliger Bedeutung, Gegensatz.

Es sollte sich eine **Tafelanschrift** wie die folgende ergeben:

	Adjektiv	Synonym(e)	Antonym(e)
a	*arm*	*mittellos*	*reich, wohlhabend*
b	*billig*	…	…
c	*clever*		
d	*dreckig*		
e	*einsam*		
f	*fleißig*		
…			

u	*uralt*
v	*vorsichtig*
w	*wild*
z	*zänkisch*

- In **Partnerarbeit** finden die Schüler so viele Synonyme und Antonyme wie möglich. Zeitvorgabe: maximal 15 Minuten.

Tipp: Um die Suche schwieriger zu gestalten, kann man Gegenteile mit der Vorsilbe *un-* ausschließen.

Ergebnissicherung Die Ergebnisse der Partnerarbeit werden zusammengetragen. In der Tabelle wird jeweils mindestens ein Lösungsvorschlag festgehalten. Die Schüler ergänzen ihren Hefteintrag.

Mögliche Anschlussaktivitäten

- *Unterstreiche alle umgangssprachlichen Adjektive blau, alle Adjektive aus der gehobenen Sprache grün.*
- *Wähle fünf Gegensatzpaare aus der Liste aus. Verwende jedes davon in einem Satz (zum Thema „Freunde"/„Schule"/„Freizeit"/„Sport" usw.), z. B.: Mathestunden finde ich interessant, aber alle anderen Fächer sind ziemlich langweilig.*
- *Wähle fünf bis acht Adjektive aus der Liste aus. Verwende diese Adjektive in deinem „Wunschhoroskop" für die nächste Woche. Schreibe etwa fünf Sätze.*
- *Wähle eine Dreiergruppe (Adjektiv + Synonym + Antonym) aus. Verwende sie in einem Satz über dich selbst, z. B.: Wenn ich morgens aufstehe, bin ich immer noch sehr müde, nach der Schule bin ich sogar richtig erschöpft, aber am Abend bleibe ich meistens lange munter.*

Alternativen

- Man kann entweder die Spalte „Synonym" oder die Spalte „Antonym" weglassen, um die Übung einfacher und weniger zeitintensiv zu gestalten. Die Zeitvorgabe für die Partnerarbeit wird entsprechend gekürzt.
- Die Erstellung des Adjektiv-Alphabets kann in einen **thematischen Rahmen** gestellt werden: „Charaktereigenschaften", „Personenbeschreibung" oder „Stimmungen und Gefühle". Die Spalte „Synonym" sollte bei dieser Einschränkung entfallen, damit die Aufgabe nicht zu schwierig wird.

21 Verben mit und ohne Vorsilbe

Ziel / Leitidee	Verben sammeln und verwenden, Regeln der Wortbildung anwenden
Klassenstufe	7 / 8
Vorbereitung / Material	Tafel, Kreide; Schülerhefte oder Notizpapier
Sozialform	gesamte Klasse, Partnerarbeit
Kompetenzbereich	Sprache und Sprachgebrauch untersuchen

Hinführung Die Lehrkraft schreibt die **Buchstaben** des Alphabets (ohne c, x und y) **untereinander** an die Tafel und fordert die Schüler auf, Verben mit diesen Anfangsbuchstaben zu nennen. Aus den Vorschlägen wählt die Lehrkraft je Buchstabe ein passendes Verb aus und hält es fest. Die Schüler schreiben mit (Blatt oder Heft quer nehmen!). Die Liste könnte z. B. so aussehen:

arbeiten	*handeln*	*nennen*	*trennen*
bringen	*impfen*	*ordnen*	*ulken*
drücken	*jagen*	*passen*	*vierteln*
ekeln	*kochen*	*quatschen*	*wünschen*
fragen	*legen*	*reisen*	*zeigen*
gehen	*mischen*	*spielen*	

Achtung: Keine Fremdwörter zulassen! Verben, die eine Vorsilbe haben, nicht akzeptieren!

Hauptphase Mit einem **Partner** bearbeiten die Schüler folgende Aufgabe: *Welche Vorsilben können die Verben in der Liste haben? Schreibe jedes Verb mit Vorsilben (höchstens drei) auf und füge in Klammern hinzu, in welchem Zusammenhang oder mit welchem Objekt jedes Verb verwendet werden kann. Beispiel: sagen – ansagen (Sendung), aufsagen (Gedicht), vorsagen (im Unterricht). Zeitvorgabe: 20 Minuten.*

Tipp: Man sollte vor Beginn der Arbeitsphase alle möglichen Vorsilben an der Tafel notieren: *an-, auf-, aus-, be-, bei-, nach-, über-, um-, unter-, ver-, vor-, zu-.*

Ergebnissicherung Die Ergebnisse der Partnerarbeit werden zusammengetragen. In der Tabelle werden jeweils zwei bis drei Lösungsvorschläge festgehalten. Die Schüler ergänzen ihren Hefteintrag.

Mögliche Anschlussaktivitäten In **Stillarbeit** erledigen die Schüler folgenden Arbeitsauftrag: *Finde zu jedem Ausgangsverb ein Nomen und / oder ein Adjektiv aus der gleichen Wortfamilie: kaufen – Kauf, käuflich; waschen – Wäsche, waschbar usw.*

Alternativen Man kann die Anzahl der Verben beliebig begrenzen, indem man nur ausgewählte Anfangsbuchstaben an die Tafel schreibt.

Redewendungen und Sprichwörter

22

Ziel / Leitidee	Redewendungen und Sprichwörter vervollständigen, ihre Bedeutung kennen(lernen) und erläutern
Klassenstufe	7 / 8
Vorbereitung / Material	Kopiervorlage (nur oberer Teil oder komplett) in Klassenstärke / Tafel, Kreide; Schülerhefte oder Notizpapier
Sozialform	gesamte Klasse, Einzel- oder Partnerarbeit
Kompetenzbereich	Sprache und Sprachgebrauch untersuchen

Hinführung Zu Beginn der Stunde nennt jeder Schüler ein Tier. Die Lehrkraft notiert die Vorschläge unsortiert an der **Tafel**, z. B.:

> *Affe, Hund, Maus, Elefant, Katze, Fuchs, Schmetterling, Wurm, Pferd, Fisch, Biene, Ameise, Schildkröte usw.*

Manche dieser Nomen werden die Schüler sicherlich in der folgenden Aufgabe verwenden können.

Hauptphase

- Die Schüler erhalten die Kopiervorlage und bearbeiten in **Still- oder Partnerarbeit** zunächst den ersten Abschnitt (fünf Minuten). Die Lösungen werden anschließend im Unterrichtsgespräch verglichen. [1. Hunde, 2. Pudel, 3. Schwalbe, 4. Ratten, 5. Katze, 6. Huhn, 7. Pferde, 8. Bären, 9. Elefant, 10. Hund, 11. Schmetterlinge, 12. Esel, 13. Fliegen, 14. Hummeln, 15. Maulwurf, 16. Löwen]
- Im nächsten Arbeitsschritt sollen die Schüler die Bedeutung der Redewendungen schriftlich erklären oder anhand einer Situation veranschaulichen. Zunächst können ein oder zwei Beispiele im Unterrichtsgespräch erarbeitet werden; die Schüler schreiben mit:
  1. *Die Drohungen, die jemand ausstößt, setzt er nicht in die Tat um.*
  2. *Jemand befindet sich in einer peinlichen Situation und ist sehr beschämt.*

  In **Partnerarbeit** erläutern die Schüler weitere Sprichwörter und Redewendungen, die sie kennen. Sie haben 10 bis 15 Minuten Zeit.

Ergebnissicherung Im Anschluss werden die Resultate im Klassenverband zusammengetragen. [Lösungsvorschläge:

3. *Ein vereinzeltes Anzeichen heißt nicht, dass etwas von jetzt an immer so sein wird.*
4. *Wenn es schlecht läuft, machen sich die Schmarotzer aus dem Staub.*
5. *Bevor man sich auf etwas einlässt, sollte man es sich genau ansehen.*
6. *Manchmal haben auch die Dümmsten Erfolg.*

7. *Auf dich kann man sich voll und ganz verlassen.*
8. *Willst du, dass ich diesen Unsinn glaube?*
9. *Du verhältst dich manchmal sehr ungeschickt und plump.*
10. *Das ist doch nicht zu glauben/fassen!*
11. *Wenn ich an ihn denke, bin ich glücklich und ein bisschen aufgeregt.*
12. *Wenn es jemandem zu gut geht, wird er leichtsinnig/übermütig und riskiert zu viel.*
13. *Manchmal kann man mit einer Maßnahme zwei Probleme gleichzeitig lösen.*
14. *Kannst du heute nicht stillsitzen?*
15. *Meine Großmutter sieht ausgesprochen schlecht/fast nichts mehr.*
16. *Da muss ich mich wohl der Auseinandersetzung mit meinem Gegner stellen.*]

Mögliche Anschlussaktivitäten

- Die Klasse sammelt mündlich weitere Redensarten mit Tieren, die an die Tafel geschrieben werden: *Der Wolf im Schafspelz; einem geschenkten Gaul schaut man nicht ins Maul; einen Dackelblick haben; lieber den Spatz in der Hand als die Taube auf dem Dach; die Katze aus dem Sack lassen* usw.
- In Partnerarbeit verfassen die Schüler **Minidialoge** aus zwei Äußerungen, von denen eine aus einer der behandelten Redewendungen besteht. Beispiel:
  „Hallo Mama, wir haben heute schon wieder Hitzefrei."
  „Da wird doch der Hund in der Pfanne verrückt!"
- Man thematisiert mit der Klasse, warum es so viele Sprichwörter und Redewendungen mit Tieren gibt, warum aber manche Tiere (Verweis auf die Liste vom Stundenanfang!) in unserem Sprachgebrauch in einer solchen Verwendung nicht vorkommen.
  [Viele Tiere: Bestandteil des täglichen Lebens und daher in bildlichen Ausdrücken gängig, Eigenschaften bestimmter Tiere werden bildlich übertragen; Tiere, die in unserer Lebenswelt nicht oder kaum vorkommen, eignen sich nicht zur Veranschaulichung bestimmter Sachverhalte]
- In Still- oder Partnerarbeit erledigen die Schüler den zweiten Arbeitsauftrag auf der Kopiervorlage.
  [Lösungen: 1. Fuß, 2. Hals/Kopf, 3. Magen, 4. Ohren, 5. Leber, 6. Gesicht, 7. Herz/Nieren, 8. Hals, 9. Magen, 10. Ohren, 11. Beine/Bauch, 12. Herzen, 13. Nase, 14. Augapfel, 15. Arm, 16. Haut/Haaren]

Alternativen Man kann sich für eine Teilstunde auf die Ergänzung der Redensarten in beiden Kästen beschränken und erläutert mündlich nur diejenigen Redewendungen, die den Schülern nicht bekannt sind.

Name: Klasse: Datum:

Redewendungen und Sprichwörter

Tierische Redensarten

Ergänze die folgenden Sprichwörter und Redewendungen um das richtige Tier.

1. Bellende ________________ beißen nicht.
2. Jetzt steht er da wie ein begossener ________________.
3. Eine ________________ macht noch keinen Sommer.
4. Die ________________ verlassen das sinkende Schiff.
5. Man sollte nie die ________________ im Sack kaufen.
6. Auch ein blindes ________________ findet mal ein Korn.
7. Mit dir kann man ________________ stehlen.
8. Willst du mir einen ________________ aufbinden?
9. Du benimmst dich manchmal wie ein ________________ im Porzellanladen.
10. Da wird doch der ________________ in der Pfanne verrückt!
11. Wenn ich an ihn denke, habe ich ________________ im Bauch.
12. Wenn es dem ________________ zu wohl wird, geht er aufs Eis.
13. Manchmal kann man zwei ________________ mit einer Klappe schlagen.
14. Hast du heute ________________ im Hintern?
15. Meine Großmutter ist blind wie ein ________________.
16. Da muss ich mich wohl in die Höhle des ________________ begeben.

Mit dem ganzen Körper sprechen

Ergänze die folgenden Sprichwörter und Redewendungen um den richtigen Körperteil.

1. Du bist heute schlecht gelaunt. Bist du mit dem falschen ________________ aufgestanden?
2. Wer sich überstürzt auf den Weg macht, bricht ________________ über ________________ auf.
3. Eine unangenehme Sache kann einem ganz schön im ________________ liegen.
4. Um aufmerksam zuzuhören, muss man die ________________ spitzen.
5. Wenn jemand schlechte Laune hat, ist ihm eine Laus über die ________________ gelaufen.
6. Nach einer Enttäuschung machen viele Leute ein langes ________________.
7. Wenn man etwas genau untersucht, prüft man es auf ________________ und ________________.
8. Wer einen Frosch im ________________ hat, sollte sich räuspern.
9. Ich habe mich so geekelt, dass sich mir fast der ________________ umgedreht hat.
10. Meine Schwester ist im Moment bis über beide ________________ verliebt.
11. Wer lange in einer Schlange wartet, steht sich die ________________ in den ________________.
12. Ich war so erleichtert – da ist mir ein riesiger Stein vom ________________ gefallen.
13. Er weiß immer, wo es Schnäppchen gibt, er hat wirklich eine gute ________________ dafür.
14. Seine Tochter ist sein Ein und Alles – er hütet sie wie seinen ________________.
15. Wer sich mit jemandem einen Scherz erlaubt, der nimmt ihn auf den ________________.
16. Wer nur seine Arbeit kennt, der lebt mit ________________ und ________________ dafür.

Margit Dietz | 45 Vertretungsstunden Deutsch | 978-3-589-23247-5

23 Von der indirekten zur wörtlichen Rede – und umgekehrt

Ziel / Leitidee	die indirekte Rede / Formen der Redewiedergabe erkennen und üben
Klassenstufe	7 / 8
Vorbereitung / Material	Kopiervorlage in Klassenstärke / Tafel, Kreide; evtl. Schülerhefte / Notizpapier
Sozialform	gesamte Klasse, Einzel- oder Partnerarbeit
Kompetenzbereich	Sprache und Sprachgebrauch untersuchen, Schreiben

Hinführung Die Lehrkraft schreibt die folgenden beiden Sätze nebeneinander an die Tafel und fordert die Schüler auf, die **Merkmale der Sätze** zu **nennen**:

„Ich bin reich!", rief der Mann aus.	*Er fügte nachdenklich hinzu, dass ihm dennoch etwas zu seinem Glück fehle.*
wörtliche Rede	*indirekte Rede*
Verbform im Indikativ	*Verbform (im Nebensatz) im Konjunktiv I*
Äußerung und Redebegleitsatz	*Gefüge aus Haupt- und Nebensatz*
Anführungs- und Schlusszeichen	*keine Anführungszeichen*
lebendig, unmittelbar	*distanziert, sachlich*

Hauptphase

- Die Schüler erhalten die Kopiervorlage mit den Auszügen aus Adalbert von Chamissos Novelle *Peter Schlemihls wundersame Geschichte.* Zunächst werden die Vorbemerkung sowie die beiden Abschnitte laut vorgelesen. Möglicherweise sollte man die Schüler knapp die **Situation** sowie die **Figurenkonstellation** zusammenfassen lassen.
- In Einzel- oder Partnerarbeit formulieren die Schüler die **indirekte Redewiedergabe** in **wörtliche Rede** um sowie umgekehrt. (Wenn der Platz auf der Kopiervorlage zu knapp ist, weichen die Schüler auf ihre Hefte oder Notizpapier aus.)

Ergebnissicherung / Präsentation Die Ergebnisse werden im Klassenverband vorgetragen und korrigiert. Die Lehrkraft hält an der Tafel einen **Lösungsvorschlag** fest (siehe S. 65).

Mögliche Anschlussaktivitäten

- *Setze den Textausschnitt in drei bis vier Sätzen fort. Du kannst entweder wörtliche oder indirekte Rede wählen.*
- Man kann im **Unterrichtsgespräch** versuchen, folgende Frage zu klären: *Warum macht das Fehlen eines Schattens Peter Schlemihl zum Außenseiter?*

Es war noch früh, als mich Stimmen weckten, die sich in meinem Vorzimmer erhoben. Ich horchte auf. Bendel rief: „Dort darf niemand hinein! Der gnädige Herr schläft noch." – „Von einem Gleichgestellten nehme ich keine Befehle an, das schwöre ich, so wahr ich hier stehe!", entgegnete Rascal. „Ich bestehe darauf, den Grafen jetzt zu sprechen!" Beschwichtigend redete Bendel auf den aufgebrachten Rascal ein: „So sprich doch leiser! Wenn dem Herrn solche Worte zu Ohren kommen, bringen sie dich um deine vorteilhafte Arbeit." Aber Rascal wollte nichts davon hören: „Wenn du mir den Zugang noch länger verwehrst, werde ich dich mit meinen eigenen Händen aus dem Weg schaffen!"

Ich hatte mich halb angezogen. Ich riss zornig die Tür auf und fuhr auf Rascal zu, wollte von dem Schurken wissen, was er wolle. Er trat zwei Schritte zurück und antwortete ganz kalt, er wolle mich untertänigst bitten, ihn doch einmal meinen Schatten sehen zu lassen. Unverschämt fügte er hinzu, dass die Sonne auf dem Hof gerade so schön scheine. Ich war wie vom Donner gerührt. Es dauerte lange, bis ich die Sprache wiederfand und zu wissen verlangte, wie ein Knecht sich so gegen seinen Herrn benehmen könne. Er fiel mir ganz ruhig in die Rede mit den Worten, dass ein Knecht ein ehrlicher Mann sein könne und einem Schattenlosen nicht dienen wolle. Daher fordere er seine Entlassung. Ich musste andere Saiten aufziehen und fragte in schmeichlerischem Ton, wer ihn auf so unglückliche Ideen gebracht habe, wie er so etwas denken könne. Er fuhr im selben Tone fort, dass die Leute behaupten würden, ich hätte keinen Schatten. Er verlangte daher, ich möge ihm meinen Schatten zeigen oder ihm seine Entlassung geben (meinen Schatten zu sehen oder seine Entlassung zu bekommen).

Name: Klasse: Datum:

Adalbert von Chamisso: *Peter Schlemihls wundersame Geschichte*

Peter Schlemihl verkauft einem fremden Mann seinen Schatten im Tausch gegen einen immer vollen Geldbeutel. Doch der Reichtum macht Schlemihl nicht glücklich: Wegen des fehlenden Schattens grenzt man ihn aus. Nur sein Diener Bendel bleibt ihm treu.

wörtliche Rede	indirekte Rede
	Es war noch früh, als mich Stimmen weckten, die sich in meinem Vorzimmer erhoben. Ich horchte auf. *Bendel verbot meine Tür. Rascal schwor hoch und teuer, keine Befehle von einem Gleichgestellten anzunehmen. Er bestand darauf, in mein Zimmer vorzudringen. Der gütige Bendel versicherte ihm, dass ihn solche Worte um seine vorteilhafte Arbeit bringen würden, falls sie mir zu Ohren kämen. Rascal drohte, Hand an ihn zu legen, wenn er ihm den Zugang noch länger verwehren wolle.*
Ich hatte mich halb angezogen. Ich riss zornig die Tür auf und fuhr auf Rascal zu: *„Was willst du, Schurke?"* Er trat zwei Schritte zurück und antwortete ganz kalt: *„Ich will Sie untertänigst bitten, Herr Graf, mich doch einmal Ihren Schatten sehen zu lassen. Die Sonne scheint eben so schön auf dem Hofe."* Ich war wie vom Donner gerührt. Es dauerte lange, bis ich die Sprache wiederfand: *„Wie kann ein Knecht sich so gegen seinen Herrn benehmen?"* Er fiel mir ganz ruhig in die Rede: *„Ein Knecht kann ein ehrlicher Mann sein und einem Schattenlosen nicht dienen wollen. Ich fordere meine Entlassung."* Ich musste andere Saiten aufziehen: *„Aber Rascal, lieber Rascal, wer hat dich auf diese unglückliche Idee gebracht? Wie kannst du so etwas denken?"* Er fuhr im selben Tone fort: *„Die Leute behaupten, Sie hätten keinen Schatten. Kurz: Zeigen Sie mir Ihren Schatten oder geben Sie mir meine Entlassung."*	

(Text bearbeitet nach: Adalbert von Chamisso (1873): Werke, Bd. I. Hrsg. von Heinrich Kurz. Bibliographisches Institut: Leipzig. S. 413–461.)

Forme die indirekte Rede oben in wörtliche Rede um. Gib anschließend die wörtliche Rede unten in indirekter Rede wieder. Achte auf die Verbformen. Arbeitszeit: 15 Minuten.

Margit Dietz | 45 Vertretungsstunden Deutsch | 978-3-589-23247-5

Fremdwörter: Arbeit mit dem Wörterbuch

Ziel / Leitidee	Wortschatz erweitern, Regeln der Wortbildung kennenlernen und anwenden, den Umgang mit dem Wörterbuch üben
Klassenstufe	7 / 8
Vorbereitung / Material	Kopiervorlage in Klassenstärke; Bereitstellen von Wörterbüchern (ein Exemplar pro Schülerpaar) / Tafel, Kreide
Sozialform	gesamte Klasse, Partnerarbeit, Einzelarbeit
Kompetenzbereich	Sprache und Sprachgebrauch untersuchen

Hinführung Im **Unterrichtsgespräch** wird geklärt, wie ein Wort seine Wortart verändern kann. An einigen Beispielen werden **Möglichkeiten der Wortbildung** aufgezeigt: Die Lehrkraft schreibt jeweils die fett gedruckten Elemente an die Tafel, die Schüler finden die weiteren Mitglieder der Wortfamilien.

Adjektiv	***Nomen***	***Verb***
groß	*Größe*	*vergrößern*
hell	*Helligkeit*	*aufhellen*
modern	***Mode***	*modernisieren*
interessant	*Interesse*	***interessieren***

Nach diesem Verfahren sollen die Schüler nun auch in der folgenden Partnerarbeit vorgehen.

Hauptphase Die Schüler erhalten die Kopiervorlage sowie die Wörterbücher und erledigen in **Partnerarbeit** den Arbeitsauftrag.

Ergebnissicherung Die Ergebnisse der Partnerarbeit werden nach Ablauf der Arbeitszeit zusammengetragen und in der Tabelle festgehalten.

Nomen	Verb	Adjektiv	Bedeutung des Adjektivs
Aktion, Aktivität	*aktivieren*	*aktiv*	*tatig*
Konstruktion	*konstruieren*	*konstruktiv*	*gestalterisch, aufbauend*
Kreation, Kreativität	*kreieren*	*kreativ*	*schöpferisch*
Realismus, Realität	*realisieren*	*real*	*wirklich*
Produkt	*produzieren*	*produktiv*	*ergiebig*
Intensität	*intensivieren*	*intensiv*	*eindringlich, kräftig, gründlich*
Demonstration	*demonstrieren*	*demonstrativ*	*nachdrücklich, offensichtlich*

Kooperation	*kooperieren*	*kooperativ*	*zur Zusammenarbeit bereit*
Dekoration	*dekorieren*	*dekorativ*	*zierend, verschönernd*
Präzision	*präzisieren*	*präzise*	*genau*
Kritik, Kritiker	*kritisieren*	*kritisch*	*genau abwägend, missbilligend*
Konserve	*konservieren*	*konservativ*	*am Alten festhaltend*
Korrektur	*korrigieren*	*korrekt*	*fehlerfrei*
Normalität	*normalisieren*	*normal*	*keine Abweichungen aufweisend*
Optimum	*optimieren*	*optimal*	*sehr gut, bestmöglich*
Akzeptanz	*akzeptieren*	*akzeptabel*	*annehmbar*
Kultur	*kultivieren*	*kultiviert*	*gebildet, gepflegt*
Existenz	*existieren*	*existenziell*	*lebenswichtig*
Variante	*variieren*	*variabel*	*veränderbar, abwandelbar*
Praxis	*praktizieren*	*praktisch*	*zweckmäßig*

Mögliche Anschlussaktivitäten

- Die Schüler erledigen schriftlich in Einzelarbeit folgende Aufgabe: *Wähle fünf Fremdwörter aus der Tabelle aus und verwende jedes davon in einer möglichen Schlagzeile, z. B.: „Bildungschancen in Deutschland nicht optimal" – „Ungenehmigte Demonstration von Polizei aufgelöst" – „Großes Interesse an Ausbildungsplätzen".*
- In Partnerarbeit finden die Schüler im Wörterbuch drei weitere Fremdwortfamilien. Ein Mitglied dieser Familie wird in die Tabelle an der Tafel geschrieben, die Mitschüler müssen (mit oder ohne Hilfe des Wörterbuches) die Tabelle ergänzen.
- Als Wettbewerb schreiben die Schüler jeder für sich zwei Minuten lang so viele – bisher nicht genannte oder verwendete – Wörter wie möglich auf:
  Verben auf *-ieren*
  Adjektive auf *-iv*
  Adjektive auf *-al*
  Derjenige, der die höchste Anzahl geschafft hat, darf seine Liste vorlesen.

Name: Klasse: Datum:

Fremdwörter und ihre Bedeutung

Finde die fehlenden Mitglieder der Wortfamilien und trage die deutsche Bedeutung des Adjektivs in die letzte Spalte der Tabelle ein. Verwende bei Problemen das Wörterbuch. Arbeite mit einem Partner zusammen. Arbeitszeit: 20 Minuten.

Nomen	Verb	Adjektiv	Bedeutung des Adjektivs
Aktion, Aktivität	*aktivieren*	*aktiv*	*tätig*
Konstruktion			
		kreativ	
		real	
Produkt			
	intensivieren		
		demonstrativ	
Kooperation			
Dekoration			
		präzise	
	kritisieren		
Konserve			
		korrekt	
		normal	
Optimum			
	akzeptieren		
		kultiviert	
		existenziell	
Variante			
Praxis			

Margit Dietz | 45 Vertretungsstunden Deutsch | 978-3-589-23247-5

25 Filmszene: Einen Dialog schreiben und sprechen

Ziel / Leitidee	einen Dialog situations- und adressatenbezogen gestalten, vortragen und bewerten
Klassenstufe	7 / 8 (Die Stunde ist auch für die Klassenstufe 9 / 10 geeignet.)
Vorbereitung / Material	Bereitstellung eines DVD-Players und Fernsehgeräts oder Beamers zum mehrfachen Zeigen eines Filmausschnitts / DVD *About a Boy* (Regie: Chris und Paul Weitz; 2002) oder einer der anderen unten genannten Filme; Tafel, Kreide; Schülerhefte oder Notizpapier
Sozialform	gesamte Klasse, Gruppenarbeit
Kompetenzbereich	Schreiben, Sprechen und Zuhören, mit Medien umgehen

Hinführung Zu Beginn wird mit der Klasse im **Unterrichtsgespräch** erarbeitet, worin beim Film die **Aufgabe eines Synchronsprechers** besteht: einen fremdsprachigen Film mit Dialogen in einer anderen Sprache versehen, wobei die neue Fassung auf die sichtbaren Abläufe (Lippenbewegungen, Gestik und Mimik) im Bild abgestimmt ist.

Hauptphase

- Die Schüler erhalten den Arbeitsauftrag, selbst einen **Dialog zu einem Filmausschnitt** herzustellen. Sie arbeiten in Gruppen zu je vier Schülern: *Seht euch den kurzen Filmausschnitt mehrmals an und verfasst einen realistischen Dialog dazu. Ihr habt dafür 20 Minuten Zeit.*

Tipp: Man sollte die Schüler darauf aufmerksam machen, dass es sehr schwierig ist, die Äußerungen genau auf die Bilder abzustimmen. Es ist hier daher wichtiger, einen inhaltlich sinnvollen und stimmigen Text zu erarbeiten als das perfekte Timing anzustreben.

- Der Ausschnitt von Minute 19:43 bis 22:00 aus dem Film *About a Boy* wird den Schülern während der gesamten Arbeitszeit mehrmals nacheinander **ohne Ton** vorgespielt, sodass sie die Gelegenheit haben, genau zu beobachten, Notizen anzufertigen und ihre Textversion durchzuspielen.

Ergebnissicherung / Präsentation

- Nach Ablauf der Arbeitszeit werden die Ergebnisse vorgestellt: Jede Arbeitsgruppe erhält die Gelegenheit, ihre **Version vorzuspielen**.
- Zur Abrundung sollte man mit der Klasse thematisieren, wo bei dieser Art Aufgabe die Schwierigkeiten liegen (einen inhaltlich zu den Bildern passenden Text zu verfassen, Länge der Äußerungen, Einsatz der Sprecher usw.).

Mögliche Anschlussaktivitäten

- Abschließend kann man die Klasse **abstimmen lassen**, welche Gruppe das beste Resultat erzielt hat. Bei genügend Zeit kann dies in schriftlicher und geheimer Wahl erfolgen, was ein unverfälschteres Bild ergibt und den Schülern erfahrungsgemäß auch mehr Spaß macht.
- Falls die Schüler das wollen, kann man ihnen den Filmausschnitt ein letztes Mal mit dem deutschen Ton zeigen.

Alternativen

- Es eignen sich auch **Szenen aus anderen Filmen**. Zu nennen sind beispielsweise: *Das Wunder von Bern* (Regie: Sönke Wortmann; 2004), Ausschnitt 30:00–32:35; Arbeit in Vierergruppen; Vorbemerkung für die Schüler: spielt 1954, die Armut nach dem Krieg ist noch für viele Menschen spürbar.
  Charlie und die Schokoladenfabrik (Regie: Tim Burton; 2005), Ausschnitt 27:15–28:40; Arbeit in Vierergruppen; dies ist die kürzeste der hier vorgeschlagenen Szenen, sodass sie sich vor allem für weniger leistungsstarke oder besonders große Lerngruppen eignet; Vorbemerkung an die Schüler: Im Dialog sollte auf die eine oder andere Weise deutlich werden, was es mit der „Goldenen Eintrittskarte" auf sich hat; Schüler, die den Film nicht kennen, sind aufgefordert, eigene Ideen zu entwickeln.
  Grundsätzlich empfiehlt es sich, Filmausschnitte zu wählen, in denen mindestens ein Kind oder Jugendlicher vorkommt, sodass es den Schülern leichter fällt, sich in die Situation hineinzuversetzen.
- Wer **fächerübergreifend** arbeiten möchte, kann bei fremdsprachigen Filmen (hier *About a Boy, Charlie and the Chocolate Factory*) auch eine echte **Synchronisationsübung** ansetzen: Man zeigt den Schülern den Filmausschnitt mit Ton, überprüft im Unterrichtsgespräch mit einigen gezielten Fragen, ob sie den Inhalt richtig erfasst haben, und erteilt ihnen dann den Arbeitsauftrag, in Gruppenarbeit eine deutsche Version des Dialogs herzustellen. Dazu sehen die Schüler während der 20-minütigen Arbeitszeit den Ausschnitt ebenfalls mehrmals.

Tipp: Um den Schülern das Verständnis des fremdsprachigen Dialogs zu erleichtern, kann man die Szene mit den englischen Untertiteln zeigen.

26 Mit allen Sinnen erleben – Schildern

Ziel / Leitidee	in einer schildernden Darstellung Wahrnehmungen gestalterisch zum Ausdruck bringen, ein Stimmungsbild versprachlichen, dabei sprachliche Mittel gezielt einsetzen
Klassenstufe	7 / 8 (Die Stunde ist auch für die Jahrgangsstufen 9 / 10 geeignet.)
Vorbereitung / Material	Bereitstellung eines DVD-Players und Fernsehgeräts oder Beamers zum mehrfachen Zeigen eines Filmausschnitts / DVD *Titanic* (Regie: James Cameron; 1997) / Tafel, Kreide; Schülerhefte oder Notizpapier
Sozialform	gesamte Klasse, Einzelarbeit
Kompetenzbereich	mit Medien umgehen, Schreiben

Hinführung Im **Unterrichtsgespräch** wird mit der Klasse geklärt, was es heißt, „mit allen Sinnen wahrzunehmen". Es entsteht ein **Tafelbild**, das die Schüler in ihr Heft übertragen und das im Verlauf der Stunde noch ergänzt wird:

SEHEN *HÖREN*

MIT ALLEN SINNEN ERLEBEN

RIECHEN *SPÜREN*

SCHMECKEN

Hinweis: Der Hefteintrag sollte auf mindestens eine halbe Seite im Format DIN A4 übertragen werden, damit genug Platz für Ergänzungen und Notizen ist.

Hauptphase / Ergebnissicherung

- Die Schüler erhalten folgenden **Arbeitsauftrag**: *Sieh dir den kurzen Filmausschnitt mehrmals an und notiere im Schema in möglichst vielen Einzelheiten, was jemand, der am Hafen anwesend ist, wahrnehmen kann. Berücksichtige alle Wahrnehmungsbereiche – du darfst auch deine Fantasie ein bisschen spielen lassen.*
- Der Ausschnitt von Minute 20:38 bis 22:50 aus dem Film *Titanic* wird den Schülern mehrmals nacheinander (drei bis vier Durchgänge **ohne Ton**) vorgespielt, sodass sie die Gelegenheit haben, genau zu beobachten und in Einzelarbeit Notizen anzufertigen.

Die Ergebnisse dieser Phase werden im Unterrichtsgespräch zusammengetragen.

SEHEN
dicht gedrängte Menschenmasse, beeindruckendes, gewaltiges Schiff, blauer Himmel, winkende Hände, reiche und arme Passagiere, Gepäckstücke aller Größen und Farben

HÖREN
Stimmengewirr, Schiffssirene, Rufe und Schreie, Abschiedsworte und -rufe, Gesprächsfetzen, hupende Autos, Möwen

MIT ALLEN SINNEN ERLEBEN
die „Titanic" kurz vor dem Ablegen

RIECHEN
Öl, beißender Qualm, Salzgeruch vom Meer, Schweiß, frische Farbe des Schiffs

SPÜREN
Wind im Gesicht, das Gedrängel der Menschen, Hast und Eile, Sonnenstrahlen

SCHMECKEN
salziges Meerwasser auf der Zunge

- Anschließend verfasst jeder Schüler in Stillarbeit einen **kurzen Text** (Arbeitszeit: fünf bis acht Minuten): *Verwende deine Notizen für eine kurze Schilderung der Stimmung am Hafen. Beachte dabei, dass eine Schilderung ein sehr gefühlsbetonter Text ist, in dem du z. B. Vergleiche, Ausrufe, viele Adjektive und anschauliche Verben verwenden solltest, um die Atmosphäre lebendig zu gestalten.*
- Abschließend werden einige der Schilderungen vorgelesen. Die Mitschüler beurteilen, wie gut die Stimmung der Szene darin zum Ausdruck kommt.

Alternativen Es eignen sich auch Szenen aus **anderen Filmen**. Zu nennen sind beispielsweise:
Das Wunder von Bern (Regie: Sönke Wortmann; 2004), Ausschnitt 1:24:20–1:26:55; Wahrnehmungen eines Zuschauers im Fußballstadion.
Bella Martha (Regie: Sandra Nettelbeck; 2004), Ausschnitt 49:07–51:42; Perspektive des Mädchens; die Schüler sollen die kurze Einstellung, die nicht in der Küche spielt, ignorieren!

27 *Nis Randers* – Eine Ballade in Standbildern

Ziel / Leitidee	Textverständnis herstellen, gestalterisch mit einem Text umgehen
Klassenstufe	7 / 8
Vorbereitung / Material	Kopiervorlage in Klassenstärke / Tafel, Kreide
Sozialform	gesamte Klasse, Gruppenarbeit
Kompetenzbereich	Lesen – mit Texten umgehen

Hinführung Bevor die Lehrkraft die (um eine Strophe gekürzte) Ballade *Nis Randers* von Otto Ernst vorliest, fordert sie die Schüler auf, **unbekannte Wörter** und **unklare Textstellen** beim Mitlesen mit Bleistift zu **unterstreichen**.

Hauptphase Nach ein- oder zweimaligem Vorlesen wird im **Unterrichtsgespräch** das **Textverständnis überprüft** und gegebenenfalls hergestellt:

- *Wo spielt sich die Handlung ab?* [an der Küste, am Meer mit Blick auf eine Sandbank]
- *Was erfahren wir über die Umstände der Handlung, das Wetter?* [schwerer Sturm mit Blitz und Donner, hoher Seegang]
- *Welches Problem entsteht durch den Sturm?* [Ein Schiff ist auf die Sandbank aufgelaufen und droht zu sinken, es gibt noch einen Überlebenden auf dem Wrack.]
- *Wer ist an der Handlung beteiligt? Was erfahren wir über die Personen?* [Nis Randers: mutig und uneigennützig, bleibt auch in Gefahr ruhig und gelassen; seine Mutter: Ihr Ehemann und ein Sohn sind ertrunken, Uwe, ein weiterer Sohn, wird seit drei Jahren vermisst, sie will Nis nicht auch noch verlieren.]
- *Was hat Nis Randers, die Hauptperson der Ballade, vor?* [Er will zusammen mit sechs Männern hinausrudern und trotz des Risikos den Mann auf dem Wrack retten.]
- *Warum missfällt der Mutter dieses Vorhaben?* [Sie fürchtet um sein Leben.]
- *Welches Argument hält Nis seiner Mutter entgegen?* [Falls der Mann auf dem Wrack umkommt, leidet dessen Mutter.]
- *Wie verläuft die Rettungsaktion? Wie endet die Handlung?* [Die Männer im Boot sind in Lebensgefahr, es sieht zunächst so aus, als würde das Boot im zunehmenden Sturm untergehen, aber die Retter erreichen wieder das Ufer; der gerettete Seemann ist Nis' verschollener Bruder Uwe.]
- *Warum kann man Nis Randers einen Helden nennen?* [Er setzt sein Leben aufs Spiel.]

Die Schüler erhalten folgende **Aufgabe**, die sie in **Gruppen** von drei bis vier Schülern bearbeiten sollen (Zeitvorgabe: zwölf Minuten): *Aus einer Verfilmung der Ballade „Nis Randers“ sollen drei Szenenfotos für das Filmplakat ausgewählt werden. Sucht zusammen drei passende Textstellen aus und notiert, welche Personen beteiligt sind und wie sie sich in der jeweiligen Situation verhalten. Stellt anschließend eure Ideen in einem Standbild dar.*

Tipp: Falls die Schüler Probleme mit dem Arbeitsauftrag haben, kann man am Beispiel der zweiten Strophe zeigen, was verlangt wird (siehe Lösungsvorschläge).

Ergebnissicherung / Präsentation Jede Gruppe stellt mindestens eines ihrer **Standbilder** vor. Zuvor liest ein Schüler die entsprechende Textstelle nochmals.

Otto Ernst: *Nis Randers*	*Verhalten / Gefühle der Personen: Körperhaltung, Gestik, Mimik*
[…] Und brennt der Himmel, so sieht man's gut: Ein Wrack auf der Sandbank! Noch wiegt es die Flut; Gleich holt sich's der Abgrund.	*zwei bis drei Beobachter am Ufer: entsetzte Gesichter, weit aufgerissene Augen, Hand vor dem Mund, auf die Unglücksstelle zeigen*
Nis Randers lugt – und ohne Hast Spricht er: „Da hängt noch ein Mann im Mast; Wir müssen ihn holen."	*Ausschau halten: Augen mit der Hand beschirmen, zur Unglücksstelle hindeuten*
Da fasst ihn die Mutter: „Du steigst mir nicht ein: Dich will ich behalten, du bliebst mir allein, Ich will's, deine Mutter!" […]	*Nis schon im Weggehen begriffen, Mutter packt ihn am Arm, evtl. mit beiden Händen*
Nis tritt auf die Brücke. Die Mutter ihm nach! Er weist nach dem Wrack und spricht gemach: „Und *seine* Mutter?" […]	*Mutter will ihn festhalten, fällt evtl. auf die Knie, schluchzend, Nis zeigt ruhig auf das Wrack, entschlossener Gesichtsausdruck*
Boot oben, Boot unten, ein Höllentanz! Nun muss es zerschmettern ...! Nein: es blieb ganz! ... Wie lange? Wie lange? […]	*mehrere Beobachter an der Küste: einer bedeckt vor Furcht um die Männer das Gesicht, eine Frau hält eine andere tröstend im Arm*
Drei Wetter zusammen! Nun brennt die Welt! Was da? – Ein Boot, das landwärts hält – Sie sind es! Sie kommen! – –	*lachende, strahlende Gesichter, Jubel, Schulterklopfen*
Und Auge und Ohr ins Dunkel gespannt ... Still – ruft da nicht einer? – Er schreit's durch die Hand: „Sagt Mutter, 's ist Uwe!"	*angestrengtes Schauen und Lauschen, einer hat den Finger an den Lippen, um die anderen zum Schweigen zu bringen, Nis ruft etwas aus dem Boot durch die zum Trichter geformten Hände*

Mögliche Anschlussaktivitäten

- In Still- oder Partnerarbeit erledigen die Schüler folgende Aufgabe: *Was steht am nächsten Tag in der Zeitung? Finde eine passende Schlagzeile für die Titelseite.*
- Wiederholung der **Kennzeichen der Ballade** im Unterrichtsgespräch:
  Elemente des Gedichts: Einteilung in Strophen, Reime, Versmaß,
  Elemente der Erzählung: Darstellung eines (spannenden) Ereignisses,
  Elemente des Dramas: Dialoge, Aufbau: dramatische Zuspitzung der Handlung.

Name: Klasse: Datum:

Nis Randers – Eine Ballade in Standbildern

Otto Ernst: ***Nis Randers***	*Verhalten / Gefühle der Personen: Körperhaltung, Gestik, Mimik*
Krachen und Heulen und berstende Nacht, Dunkel und Flammen in rasender Jagd – Ein Schrei durch die Brandung! Und brennt der Himmel, so sieht man's gut: Ein Wrack auf der Sandbank! Noch wiegt es die Flut; Gleich holt sich's der Abgrund. Nis[1] Randers lugt[2] – und ohne Hast Spricht er: „Da hängt noch ein Mann im Mast; Wir müssen ihn holen." Da fasst ihn die Mutter: „Du steigst mir nicht ein: Dich will ich behalten, du bliebst mir allein, Ich will's, deine Mutter! Dein Vater ging unter und Momme[1], mein Sohn; Drei Jahre verschollen ist Uwe schon, Mein Uwe, mein Uwe!" Nis tritt auf die Brücke. Die Mutter ihm nach! Er weist nach dem Wrack und spricht gemach[3]: „Und *seine* Mutter?" Nun springt er ins Boot, und mit ihm noch sechs: Hohes, hartes Friesengewächs; Schon sausen die Ruder. Boot oben, Boot unten, ein Höllentanz! Nun muss es zerschmettern ...! Nein: es blieb ganz! ... Wie lange? Wie lange? Mit feurigen Geißeln[4] peitscht das Meer Die menschenfressenden Rosse daher; Sie schnauben und schäumen. [...] Drei Wetter zusammen! Nun brennt die Welt! Was da? – Ein Boot, das landwärts hält – Sie sind es! Sie kommen! – – Und Auge und Ohr ins Dunkel gespannt ... Still – ruft da nicht einer? – Er schreit's durch die Hand: „Sagt Mutter, 's ist Uwe!"	

1 *Nis, Momme*: norddeutsche männliche Vornamen
2 *lugen*: aufmerksam nach etwas schauen
3 *gemach:* langsam, gelassen, ruhig
4 *Geißel*: Peitsche

(Aus: Otfried Preußler, Heinrich Pleticha (2000): Das große Balladenbuch. K. Thienemanns Verlag: Stuttgart / Wien. S. 227 f.)

Margit Dietz | 45 Vertretungsstunden Deutsch | 978-3-589-23247-5

Grundwissen Literatur – Wortsuchspiel

Ziel / Leitidee	literarische Fachbegriffe erkennen und ihre Bedeutung wiederholen / erfassen
Klassenstufe	7 / 8
Vorbereitung / Material	Kopiervorlage in Klassenstärke / Tafel, Kreide; Schülerhefte oder Notizpapier
Sozialform	gesamte Klasse, Partnerarbeit, Einzel- oder Partnerarbeit
Kompetenzbereich	Lesen – mit Texten umgehen

Hinführung Die Schüler sollen gemeinsam den **Begriff „Literatur" definieren**. [„Gesamtheit der schriftlichen Äußerungen eines Volkes oder einer Zeit" (Gerhard Wahrig – Deutsches Wörterbuch. Gütersloh / München, 1991) oder „Gesamtbestand aller Schriftwerke eines Volkes" (Duden – Das Fremdwörterbuch. Mannheim, 2000)]. Es geht nun um das literarische Grundwissen, das die Schüler bisher erworben haben.

Hauptphase / Ergebnissicherung

- Die Schüler erhalten die Kopiervorlage und erledigen in **Partnerarbeit** den Arbeitsauftrag (Zeitvorgabe: zwölf Minuten). Anschließend werden im **Unterrichtsgespräch** die Ergebnisse besprochen und evtl. ergänzt. Die Zahlen und Kleinbuchstaben oben bzw. am linken Rand helfen beim Auffinden der (insgesamt 38) Begriffe.

Tipp: Einzelnen Schülern werden evtl. unbekannte Begriffe noch nicht erläutert, damit das anschließende „Dingsda"-Spiel nicht zu einfach wird. Ist ein Begriff der gesamten Klasse nicht geläufig, so sollte man ihn jedoch klären.

- Anschließend haben die Schüler nochmals etwa fünf Minuten Zeit, um sich in Stillarbeit **Erklärungen** für möglichst viele der Begriffe zu **überlegen**. Die Erklärungen sollen kurz sein, ohne den betreffenden Begriff zu nennen, z. B.: *Das sind Brüder, die viele Märchen geschrieben und gesammelt haben.*
- Danach wird die Klasse in vier Teams eingeteilt. In jeder Runde muss ein Mitspieler seine Teamkollegen dazu bringen, innerhalb von 30 (alternativ maximal 60) Sekunden einen bestimmten Begriff zu finden. Die Lehrkraft gibt vor, um welches Wort es sich handelt (dem Schüler zuflüstern, verdeckt an die Tafel schreiben oder auf dem Lösungsblatt zeigen). Kann der Schüler den Begriff nicht oder nicht in der vorgegebenen Zeit erklären, ist das nächste Team dran. Nach sechs bis neun Runden wird das Siegerteam ermittelt.

Abschließend bekommen die Schüler nochmals Gelegenheit, sich unbekannte Fachbegriffe von der Lehrkraft oder von Mitschülern erklären zu lassen.

Mögliche Anschlussaktivitäten In Still- oder Partnerarbeit sortieren die Schüler die Begriffe in die **Kategorien** *Epik – Lyrik – Drama – Sprachliche Mittel – Autoren* ein (siehe Lösungsblatt).

Name: Klasse: Datum:

Grundwissen Literatur

In diesem Gitterrätsel sind Begriffe und Namen versteckt, die etwas mit Literatur zu tun haben. Finde möglichst viele, markiere sie und notiere sie zusätzlich auf der Rückseite.

	1	2	3	4	5	6	7	8	9	10	11	12	13	14	15	16	17	18	19	20	21	22	23	24	25	26	27	28	29	30
a	N	A	R	Ö	W	E	N	P	S	A	T	M	C	H	U	K	L	I	D	Q	U	E	R	N	Ü	T	Z	V	E	R
b	I	M	R	S	E	T	O	D	K	E	N	A	H	C	J	Ä	D	G	R	I	M	M	P	L	O	G	A	P	E	N
c	M	Ä	N	Z	O	R	T	U	L	S	M	O	N	D	A	M	Ü	B	R	J	K	L	N	F	A	Q	I	M	O	R
d	F	R	I	C	H	A	L	Ö	W	O	U	N	F	V	E	R	G	O	K	S	T	R	O	B	A	K	E	J	L	A
e	S	C	H	M	Ö	G	V	I	L	P	Z	Y	S	T	O	C	H	N	U	E	M	W	E	R	L	K	R	I	G	U
f	T	H	O	T	Z	Ö	Y	B	N	I	O	P	A	E	M	R	T	E	R	E	N	E	T	Z	Ö	G	Z	Y	O	M
g	V	E	L	P	A	D	I	S	T	R	O	P	H	E	R	U	Z	Ä	Z	J	R	O	T	U	T	N	A	S	L	C
h	Z	N	E	M	A	I	R	S	T	C	H	E	Ö	K	L	G	N	A	G	R	Ü	V	P	R	A	V	B	L	O	M
i	P	O	L	A	W	E	N	T	M	E	I	F	R	Y	N	I	W	P	E	R	G	J	U	M	U	Q	U	A	N	Z
j	F	R	I	N	I	G	A	M	R	M	Ü	N	P	R	U	F	T	A	S	C	H	R	I	F	B	M	U	B	O	V
k	A	U	R	A	L	Ö	G	I	R	S	C	H	A	N	V	E	R	T	C	K	U	L	P	A	G	F	Q	K	M	L
l	H	I	E	O	S	T	R	U	B	I	O	G	A	K	T	F	U	N	H	W	A	L	T	B	O	D	I	M	W	U
m	D	A	G	I	M	A	L	T	E	N	R	Ö	R	A	N	N	D	T	I	R	N	J	A	E	M	M	I	T	Z	O
n	N	E	I	B	L	A	D	Y	G	R	O	T	R	U	F	F	A	L	C	V	E	R	G	L	E	I	C	H	C	S
o	O	V	E	R	N	U	N	T	R	A	W	I	E	C	K	L	U	C	H	T	R	O	H	P	H	Ü	L	L	A	E
p	I	M	A	B	V	O	N	T	L	I	M	M	I	N	N	Ä	R	S	T	R	U	K	S	C	H	L	U	B	I	D
q	T	Ü	N	I	Q	U	W	O	R	B	K	T	M	A	I	Z	S	T	E	I	D	E	N	K	Ö	Z	C	I	A	N
r	I	N	W	K	L	A	S	S	O	T	I	K	T	M	R	Z	A	V	J	K	U	B	N	D	A	W	C	O	K	E
s	S	T	E	G	O	E	T	H	E	M	A	L	I	J	U	T	G	R	Ö	D	I	A	N	E	B	O	V	G	U	G
t	O	P	I	A	L	N	E	R	T	Z	U	R	H	N	J	O	E	R	O	E	K	E	N	E	Z	I	E	R	O	E
u	P	A	S	T	R	A	F	E	N	M	K	E	R	T	L	Ö	U	N	C	K	L	O	D	Ü	A	S	M	A	I	L
v	X	N	U	N	I	O	P	L	F	G	R	U	S	A	N	T	Y	V	R	O	L	L	M	A	R	T	Y	F	E	R
w	E	I	N	A	B	R	U	J	I	K	O	N	I	T	A	M	R	C	K	L	Z	U	N	Ö	L	A	Z	I	E	N
x	R	E	G	V	E	R	S	C	H	K	U	D	A	N	G	E	L	A	B	P	T	O	Z	R	D	E	N	E	S	C
y	N	L	L	Ü	D	R	A	M	N	O	T	R	A	P	E	R	S	O	N	I	F	I	K	A	T	I	O	N	I	O
z	U	L	V	I	A	R	B	E	L	L	Ü	M	M	A	D	R	E	N	T	R	E	I	N	S	T	R	E	N	G	N
ß	R	T	A	L	L	I	T	E	R	A	T	I	O	N	I	S	C	H	T	I	F	B	R	Ö	N	G	A	R	E	B
ä	T	I	T	E	L	L	T	Z	T	A	B	N	M	U	C	K	E	L	U	M	I	E	R	Z	U	E	R	K	U	Q
ö	A	V	I	K	A	N	Z	L	O	M	M	I	S	C	H	I	L	L	E	R	T	R	O	L	Ö	M	D	A	V	A
ü	M	T	A	R	B	O	V	N	E	G	H	R	L	K	T	A	Q	U	I	O	P	E	F	U	D	A	N	N	E	R

Margit Dietz | 45 Vertretungsstunden Deutsch | 978-3-589-23247-5

Name: Klasse: Datum:

Grundwissen Literatur – Lösung

	1	2	3	4	5	6	7	8	9	10	11	12	13	14	15	16	17	18	19	20	21	22	23	24	25	26	27	28	29	30
a										A																			E	
b		M			E	T	O	D	K	E	N	A						G	R	I	M	M						P		
c		Ä				R				S						M											I			
d		R				A				O					E				K							K				
e		C				G				P				T					U		M								G	
f		H				Ö							A			R			R			E							O	
g		E				D		S	T	R	O	P	H	E		U			Z				T						L	
h		N				I					H					G			G					R					O	
i						E				E						I			E						U				N	
j									R				P			F			S					F		M			O	
k			R										A						C					A					M	
l			E	O									A	K	T				H					B						
m			G		M		L						R						I					E						
n	N		I			A		Y					R						C	V	E	R	G	L	E	I	C	H		
o	O		E				N		R				E						H					P						E
p	I		A							I			I						T				S					B		D
q	T		N								K		M		I		S		E			E						I		N
r	I		W	K										M			A				U		N					O		E
s	S		E	G	O	E	T	H	E				I				G			D				E				G		G
t	O		I			N						R				O	E		O		K				Z			R		E
u	P		S				F				K				L			N				O				S		A		L
v	X		U					L						A			Y						M					F		
w	E		N						I				I			M								Ö				I		
x			G	V	E	R	S			K		D			G										D			E		
y					D						T			P	E	R	S	O	N	I	F	I	K	A	T	I	O	N		
z					A										D												E			
ß			A	L	L	I	T	E	R	A	T	I	O	N	I															
ä	T	I	T	E	L										C					M	I	E	R	Z	U	E	R	K		
ö					A								S	C	H	I	L	L	E	R										
ü					B										T															

Lösung zur Anschlussaktivität

Epik	Lyrik	Drama	Sprachliche Mittel	Autoren
Epik	Lyrik	Komödie	Alliteration	Pseudonym
Roman	Gedicht	Tragödie	Vergleich	Goethe
Fabel	Ballade	Figur	Metapher	Schiller
Märchen	Strophe	Akt	Personifikation	Grimm
Sage	Vers	Szene		Aesop
Legende	Kreuzreim	Exposition		
Anekdote	Paarreim	Konflikt		
Kurzgeschichte	Metrum	Dialog		
Krimi		Monolog		
Biografie		Regieanweisung		
Titel				

Margit Dietz | 45 Vertretungsstunden Deutsch | 978-3-589-23247-5

29 Was in der Zeitung steht – Sachtexte

Ziel / Leitidee	aus Texten selbstständig Informationen entnehmen, Texte bewerten, Arbeitsergebnisse vortragen
Klassenstufe	7 / 8 (Die Stunde kann man auch noch in der Klassenstufe 9 / 10 einsetzen. Unter Umständen sollte man dafür die Textlänge auf mindestens eine halbe Seite festlegen und den Kurzvortrag auf zwei Minuten ausdehnen.)
Vorbereitung / Material	Bereitstellung von mindestens zehn Tageszeitungen, Nachrichtenmagazinen oder Wochenzeitungen (ein Exemplar für jeweils zwei, maximal drei Schüler)
Sozialform	gesamte Klasse, Einzelarbeit
Kompetenzbereich	Lesen – mit Texten umgehen, Sprechen

Hinführung Zum Einstieg beantworten die Schüler folgende **Fragen**:

- *Über welche Themen kann man in der Zeitung lesen?* Die Themenbereiche werden an der Tafel notiert: *Politik national, Politik international, Nachrichten, Wirtschaft, Sport, Kultur, Lokales, Vermischtes* usw.
- *Wer liest was am liebsten und warum?*

Hauptphase Die Schüler erhalten paarweise jeweils eine Zeitung. Ihre Aufgabe besteht darin, einen **Text** zu lesen und knapp **zusammenzufassen**: *Wähle einen Text aus, der dich interessiert, und lies ihn mehrmals aufmerksam durch. Berichte deinen Mitschülern anschließend in mindestens einer Minute, worum es in dem Text geht, was die wichtigsten Informationen sind und warum der Artikel lesenswert ist. Du kannst Notizen anfertigen, darfst aber keine vollständigen Sätze formulieren. Arbeitszeit: 15 Minuten.*

Tipp: Es empfiehlt sich, die Textlänge in etwa festzulegen, z. B. nicht weniger als eine viertel Seite und nicht mehr als eine halbe Seite reiner Text.

Ergebnissicherung / Präsentation Die an der Tafel stehenden Themenbereiche werden nacheinander behandelt: Die Schüler, die einen Text aus dem jeweiligen Bereich gewählt haben, stellen ihn der Klasse kurz vor und begründen ihre Wahl. Lehrkraft und Mitschüler können Fragen dazu stellen.

Tipp: Man kann die Schüler für die Vorstellung der Arbeitsergebnisse auch vor die Klasse treten lassen, damit sie die Vortragssituation üben.

Alternativen Drei Schüler bearbeiten zusammen eine Seite aus der Zeitung und stellen anschließend gemeinsam in mindestens drei Minuten den Inhalt dieser Seite vor.

Mögliche Anschlussaktivitäten

- **Überschriften raten:** Jeder Schüler sucht sich einen weiteren Text aus und lässt die Mitschüler spekulieren, was sich wohl hinter der Überschrift des Artikels verbirgt, z. B.: „Der Chinakracher“ (SZ, 8./9. Januar 2011, S. 3: Ergebnis der PISA-Studie 2010, Shanghai mit den besten Resultaten).
- Ab der 8. Jahrgangsstufe kann man mit der Klasse die **journalistischen Stilformen** und ihre wichtigsten Merkmale wiederholen:

Nachricht:	knappe und sachliche Information über ein aktuelles Ereignis; frei von Wertungen; Zusammenfassung der Hauptinformation bereits im kurzen (fett gedruckten) Vorspann; unterschieden werden kurze Meldungen und längere Berichte.
Reportage:	anschauliche und lebendige Information des Verfassers über ein Thema (Ereignis, Person, Land usw.); mit subjektiv gefärbten Abschnitten, persönlichen Eindrücken, Schilderungen und wörtlicher Rede; enthält Hintergrundinformationen, verdeutlicht Zusammenhänge.
Kommentar:	Stellungnahme des namentlich genannten Autors zu einem aktuellen Thema; subjektive Wertung mit dem Ziel, die Meinungsbildung des Lesers zu beeinflussen.
Leitartikel:	Sonderform des Kommentars, verfasst vom Chefredakteur der Zeitung.
Leserbrief:	Meinungsäußerungen der Leser zu aktuellen Themen oder bereits erschienenen Artikeln.
Kritik:	Kommentar zu einem kulturellen Thema (Ausstellung, Theatervorstellung, Buch, Film usw.), auch Rezension genannt.
Glosse:	kurzer Kommentar in ironisch-witzigem, oft auch polemischem Stil, der Missstände oder Verhaltensweisen anprangert; zu nahezu allen Themen denkbar.
Interview:	Befragung einer Person durch einen oder mehrere Interviewer; Ziel: Informationen zur Person, persönliche Meinungen oder Expertenwissen zu einem Sachverhalt erlangen.

30 Werbung – Was man alles verkaufen kann!

Ziel / Leitidee	Werbesprache untersuchen und anwenden, sprachliche Mittel erkennen und einsetzen
Klassenstufe	7 / 8
Vorbereitung / Material	Kopiervorlage in Klassenstärke / Tafel, Kreide; Schülerhefte oder Notizpapier
Sozialform	gesamte Klasse, Einzelarbeit, Partnerarbeit
Kompetenzbereich	Sprache und Sprachgebrauch untersuchen, Schreiben

Hinführung Im **Unterrichtsgespräch** äußern sich die Schüler zu folgenden Fragen:

- *Wo ist euch das letzte Mal Werbung begegnet?* [Erscheinungsformen der Werbung: Fernsehen, Radio, Plakate, Zeitung, Prospekte, Internet.]
- *Was hat die Werbung in diesen unterschiedlichen Formen gemeinsam?* [Ziel: Bedürfnisse wecken, Kaufanreize schaffen; Mittel: Betonung von (vermeintlichen) Vorteilen, positive Darstellung durch Bild, Musik, Atmosphäre, Text; eingängige, bewusst gestaltete Sprache.]

Die **Besonderheiten der Werbesprache** sollen im Mittelpunkt der Erarbeitung stehen.

Hauptphase / Ergebnissicherung Die Schüler erhalten die Kopiervorlage und lesen die Werbesprüche still durch. Für den Arbeitsauftrag haben sie zehn Minuten Zeit.

Tipp: Möglicherweise müssen zunächst einige Fachbegriffe aus der Tabelle geklärt werden, z. B.:
Alliteration: aufeinanderfolgende betonte Wörter beginnen mit dem gleichen Buchstaben,
rhetorische Frage: Frage, die keine Antwort braucht oder erwartet,
Personifikation: Vermenschlichung von Gegenständen, Tieren oder abstrakten Begriffen.

Die Ergebnisse dieser Phase werden anschließend verglichen.

Sprachliche Besonderheit	Beispiele
Alliterationen	Funair fliegen. Keine Frage. / Besser braten geht nicht. / Keine Kompromisse / Frisch wie ein Frühlingsmorgen / Wo Wohnträume Wirklichkeit werden / Wäsche wirklich weiß waschen / Fun für Fans – Funtastisch!
Aufforderungen	Erleben Sie den Klang der Stille! / Lassen Sie sich bezaubern!
Fachbegriffe / Fremdwörter	Mit Anti-Aging-Formel / Weil Styling Typsache ist / Für dynamische Leute mit Lifestyle
(rhetorische) Fragen	Was braucht man mehr zum Glück?
Gegensätze	Neues Dach drauf – Heizkosten runter / Heiß oder auf Eis – Augen schließen und genießen / Sie entspannen. Ihr Geld arbeitet.

kurze / unvollständige Sätze	Sie entspannen. Ihr Geld arbeitet. / Funair fliegen. Keine Frage. / Weil Styling Typsache ist
Personifikationen	… damit der Tag Sie anlacht!
Reime	Heiß oder auf Eis – Augen schließen und genießen. / Neue Technik fahren – Kraftstoff sparen
Steigerungsformen / Superlative	Mit Sicherheit die sicherste Lösung / Leichter. Prickelnder. Intensiver.
Übertreibungen	Besser braten geht nicht. / Nie wieder Zahnbelag!
Vergleiche	Frisch wie ein Frühlingsmorgen
Wiederholungen	Ohne Zucker. Ohne Kalorien. Ohne Reue.
Wort- und Sprachspiele	So genießt Mann heute / Urlaub. Total. Genießen. / Kurlaub an der Nordsee – die gesunden Ferien
Wortneuschöpfungen	Kurlaub an der Nordsee – die gesunden Ferien / Fun für Fans – Funtastisch!

In einer Still- oder Partnerarbeitsphase entwerfen die Schüler zu einem Gegenstand, den sie bei sich haben und also auch zeigen können, einen **eigenen Werbetext** von 40 bis 50 Wörtern, in dem mindestens drei der zuvor erarbeiteten sprachlichen Besonderheiten vorkommen. Vorgesehene Zeit: acht bis zehn Minuten.

Abschließend werden die Ideen vorgestellt. Im Idealfall stehen die Schüler dabei vor der Klasse, damit alle den beworbenen Gegenstand sehen können.

Alternativen

- Im Anschluss an die Bearbeitung der Kopiervorlage oder als Ersatz für die darauffolgenden Arbeitsschritte: Die Schüler finden in Einzelarbeit zu jedem der Slogans aus der Tabelle ein Produkt, das damit beworben werden könnte. Zusätzlich sollen sie ihre Entscheidung in ein bis zwei Sätzen begründen können.
- Statt eigene Werbetexte zu entwerfen und vorzustellen, können die Schüler auch die Tabelle mit ihnen aus den Medien bekannten Slogans ergänzen.

Mögliche Anschlussaktivitäten In Gruppen von fünf bis sechs bereiten die Schüler einen **„Werbeblock" für das Radio** vor, d. h., sie müssen ihre Werbetexte so modifizieren, dass sie für den Rundfunk geeignet sind, müssen eine Reihenfolge festlegen und die Texte flüssig und betont vortragen.

Name: Klasse: Datum:

Werbesprache

Ordne die Werbesprüche in die Tabelle ein. Manche passen an mehreren Stellen.

a	Leichter. Prickelnder. Intensiver.	b	Kurlaub an der Nordsee – die gesunden Ferien	c	Neue Technik fahren – Kraftstoff sparen	d	Ohne Zucker. Ohne Kalorien. Ohne Reue.	e	Neues Dach drauf – Heizkosten runter
f	Weil Styling Typsache ist	g	Keine Kompromisse	h	Frisch wie ein Frühlingsmorgen	i	Was braucht man mehr zum Glück?	j	Mit Sicherheit die sicherste Lösung
k	Fun für Fans – Funtastisch!	l	Für dynamische Leute mit Lifestyle	m	Wäsche wirklich weiß waschen	n	Besser braten geht nicht.	o	Mit Anti-Aging-Formel
p	Lassen Sie sich bezaubern!	q	Nie wieder Zahnbelag!	r	So genießt Mann heute.	s	… damit der Tag Sie anlacht!	t	Funair fliegen. Keine Frage.
u	Wo Wohnträume Wirklichkeit werden	v	Heiß oder auf Eis – Augen schließen und genießen.	w	Urlaub. Total. Genießen.	x	Erleben Sie den Klang der Stille!	y	Sie entspannen. Ihr Geld arbeitet.

Sprachliche Besonderheit	Beispiele
Alliterationen	
Aufforderungen	
Fachbegriffe / Fremdwörter	
(rhetorische) Fragen	
Gegensätze	
kurze / unvollständige Sätze	
Personifikationen	
Reime	
Steigerungsformen / Superlative	
Übertreibungen	
Vergleiche	
Wiederholungen	
Wort- und Sprachspiele	
Wortneuschöpfungen	

Margit Dietz | 45 Vertretungsstunden Deutsch | 978-3-589-23247-5

Sprechen: Interessante Ferienjobs – auf eine Anzeige reagieren

31

Ziel / Leitidee	zielgerichtet und situationsangemessen sprachlich handeln; informieren, argumentieren und begründen
Klassenstufe	9 / 10
Vorbereitung / Material	Kopiervorlage in Klassenstärke / Tafel, Kreide; Notizpapier oder Schülerhefte
Sozialform	gesamte Klasse, Einzel- oder Partnerarbeit
Kompetenzbereich	Sprechen und Zuhören

Hinführung Zu Beginn spricht die Lehrkraft mit den Schülern über Ferienjobs: *Wer hatte schon einen? Welchen? Wo? Wie hat er dir gefallen? Hast du gut verdient? Wie bist du an die Stelle gekommen?* Von diesem **Unterrichtsgespräch** wird übergeleitet zum Thema der Stunde.

Hauptphase

- Die Schüler erhalten die Kopiervorlage. Sie lesen die Anzeigen still durch und versehen diejenige, die sie am meisten anspricht, mit einem farbigen Rahmen. Zusätzlich **kennzeichnen** sie in der Anzeige die für eine **Bewerbung** wichtigen **Begriffe** und **Anforderungen**.
- Im Anschluss daran bearbeiten sie den folgenden **Arbeitsauftrag**: *Du bist zu einem Vorstellungsgespräch eingeladen worden und wirst gebeten, dich kurz vorzustellen und zu erläutern, warum du dich für die angebotene Stelle interessierst und dafür geeignet bist. Dein Kurzvortrag soll etwa drei Minuten dauern. Du darfst Notizen verwenden, sollst aber keine ausformulierten Sätze vorlesen. Zur Vorbereitung hast du zwölf Minuten Zeit.*
  Während der Arbeitszeit kann die Lehrkraft bereits Kandidaten für den Kurzvortrag auswählen. Die farbigen Rahmen um die Anzeigen lassen auf einen Blick erkennen, wer sich für welche Stelle interessiert.

Ergebnissicherung / Präsentation Die ausgewählten Schüler präsentieren der Klasse ihre **Kurzvorträge**. Entweder die Lehrkraft oder die Mitschüler geben dem Vortragenden ein kurzes **Feedback** darüber, was an der Vortragsweise sowie Argumentation gut war und was noch verbessert werden könnte.

Alternativen

- Für große Lerngruppen oder um Zeit zu sparen, kann man den Arbeitsauftrag in **Partnerarbeit** erledigen lassen, sodass nur die Hälfte der Klasse einen Kurzvortrag hält. Die Schüler entscheiden selbst, welcher der Partner den Vortrag übernimmt.
- Je Anzeige übernehmen zwei Mitschüler die Rolle der Arbeitgeber. Sie hören sich drei bis fünf Bewerber an und wählen einen aus, der die Stelle bekommt. Sie begründen ihre Wahl.

Name: Klasse: Datum:

Interessante Ferienjobs – Auf eine Anzeige reagieren

Wähle die Anzeige aus, die dich am meisten anspricht, und umrande sie farbig. Kennzeichne außerdem die Begriffe und Anforderungen, die dir für eine Bewerbung wichtig erscheinen.

Gesucht: jugendliche Tierliebhaber (ab 15 Jahre) zur Aushilfe im Tierheim während der Sommerferien

(ca. 3–4 Stunden wochentags, 8 Stunden samstags oder sonntags)

Die vielseitigen Aufgaben umfassen

- Telefondienst (Annahme von Vermisstenmeldungen, Anfragen nach Fundtieren, Vereinbarung von Besichtigungsterminen usw.)
- Füttern der Tiere, Reinigen der Käfige
- Tierpflege allgemein (Fell bürsten, Gassi gehen)
- dem Tierarzt zur Hand gehen (z. B. bei Impfungen)
- Herumführen von Besuchern und Interessenten
- einfache Bürotätigkeiten und Arbeit am Computer
- bei entsprechenden Kenntnissen: Tiere fotografieren und Informationen ins Internet stellen

Die Tätigkeit kann über die Sommerferien hinaus in eingeschränktem Umfang weitergeführt werden.
Bezahlung: 5 € / Stunde an Wochentagen, 6,50 € / Stunde am Wochenende
Bitte melden Sie sich unter: tierheim@unserestadt.de.

Statisten (m / w) gesucht

Wofür? – 6-teiligen Fernsehfilm nach einem historischen Roman
Wo und wann? – in diesem Sommer im mittelalterlichen Stadtkern
Wie lange? – voraussichtlich 10 Drehtage
Was? – Außenszenen, Massenszenen, auch kleinere Sprechrollen (wenige Wörter / Sätze)
Sie sind ... ... mindestens 15 Jahre alt (Minderjährige mit Einverständniserklärung der Eltern)
... in guter körperlicher Verfassung
... nicht sichtbar tätowiert oder gepierct
... teamfähig und flexibel, kreativ und aufgeschlossen

Schauspielerfahrung wünschenswert, aber nicht erforderlich!
Aufenthalt am Drehort notwendig (auch Nachtaufnahmen; keine festgelegten Drehzeiten, da teilweise witterungsabhängig; Unterkünfte werden nicht gestellt).
Kostüme werden gestellt und gegebenenfalls angepasst.
Unkostenvergütung: je nach Einsatz und Einsatzdauer 50–100 € pro Drehtag.
Bei Interesse wenden Sie sich bitte an Yvonne Schweiger, Tel. 0999-99935046.

Gesucht: Jugendliche(r) als Reisebegleitung und Nachhilfelehrer während eines Familienurlaubs in Südfrankreich

Wir – Mutter, Vater, Großmutter, Tochter (11), Sohn (12) – verbringen in den Sommerferien vier Wochen in einem Ferienhaus mit kleinem Pool (etwa 3 km vom Meer entfernt).
Wir suchen eine(n) Schüler(in) (mindestens 15 Jahre alt), die / der engagiert und verantwortungsbewusst ist, das Leben in einer Familie schätzt und jedem unserer Kinder an fünf Tagen die Woche je ein bis zwei Nachhilfestunden (vor allem Mathematik und Englisch, evtl. auch Physik und Deutsch) geben kann.
Wir bieten Anreise, Unterbringung im eigenen Zimmer, Verpflegung, Ausflüge mit der Familie, viel Freizeit, Sport.
Wir bezahlen zusätzlich zur Übernahme der Reisekosten (s. o.) 5 € je Nachhilfestunde (60 Minuten).
Wir sind zu erreichen unter familie.krauss@unserbriefkasten.de.
Wir würden uns nach dem Erstkontakt gern mit dem Interessenten und den Erziehungsberechtigten persönlich unterhalten.

Margit Dietz | 45 Vertretungsstunden Deutsch | 978-3-589-23247-5

Welcher Textanfang lädt zum Weiterlesen ein?

32

Ziel / Leitidee	Anfänge von Erzähltexten erfassen, Meinungen begründen, argumentieren
Klassenstufe	9/10
Vorbereitung / Material	beide Kopiervorlagen in Klassenstärke
Sozialform	gesamte Klasse, Einzelarbeit
Kompetenzbereich	Lesen – mit Texten umgehen, Sprechen

Hinführung Am Anfang steht ein kurzes **Unterrichtsgespräch** zum Thema „Wie wählen die Schüler ihren Lesestoff aus?". Evtl. wird die **Methode „Das Buch anlesen"** bereits vorgeschlagen. Andernfalls nennt die Lehrkraft diese Möglichkeit.

Hauptphase Die Schüler werden aufgefordert, die auf der Kopiervorlage abgedruckten Anfänge von Erzähltexten vorzulesen. Im Anschluss sollen sie denjenigen mit einem grünen Rahmen kennzeichnen, der sie spontan am meisten anspricht.

Hinweis: Autoren und Titel sind auf der Kopiervorlage nicht genannt, damit die Schüler von diesen Informationen in ihrer Wahl nicht beeinflusst werden können. Es handelt sich um Auszüge aus folgenden Werken:

1 Alex Capus (2004): Fast ein bißchen Frühling. dtv: München. S. 5. (erschienen 2002)
2 Robert Schneider (1998): Schlafes Bruder. Reclam Verlag: Leipzig. S. 9. (erschienen 1992)
3 Sten Nadolny (1987): Die Entdeckung der Langsamkeit. Piper Verlag: München. S. 9. (erschienen 1983)
4 Martin Suter (2009): Der letzte Weynfeldt. Diogenes Verlag: Zürich. S. 5. (erschienen 2009)
5 Sven Regener (2003): Herr Lehmann. Goldmann Verlag: München. S. 5. (erschienen 2001)
6 Wilhelm Raabe (1980): Die schwarze Galeere. Reclam Verlag: Stuttgart. S. 3. (erschienen 1861)

Anschließend untersucht jeder Schüler den von ihm gewählten Text in Stillarbeit genauer und notiert Stichpunkte im vorgegebenen Raster. Mit diesen Informationen bereiten die Schüler **kurze Statements** vor, warum sie dieses Buch empfehlen würden. Zeitvorgabe: 15 Minuten. Während der Arbeitsphase wählt die Lehrkraft zu jedem Erzählanfang ein bis zwei Schüler aus, die ihre Statements (vor der Klasse) vortragen sollen. Die Rahmen lassen auf einen Blick erkennen, wie die Schüler zu den Texten stehen.

Ergebnissicherung / Präsentation Nacheinander tragen die ausgewählten Schüler ihre Begründungen vor. Man kann an jedes Statement eine kurze **Diskussion** anschließen oder eine solche ganz am Schluss führen.

Mögliche Anschlussaktivitäten

- *Finde zu jedem Erzählanfang einen Buchtitel. Achte darauf, dass er zu Thema, Ton und Sprache des Textausschnitts passt und einen möglichen Leser neugierig macht.*
- Man kann den Schülern Informationen zu Autor, Titel, Erscheinungsjahr geben und sie **abstimmen** lassen, welches Buch als **Klassenlektüre** infrage käme.
- Wird ein Text gar nicht gewählt, kann dies mit der Klasse thematisiert werden: *Warum lehnt ihr diesen Text ab? Was gefällt euch daran nicht?*

Name: Klasse: Datum:

Welcher Textanfang lädt zum Weiterlesen ein?

1	„Dies ist die wahre Geschichte der Bankräuber Kurt Sandweg und Waldemar Velte, die im Winter 1933/34 den Seeweg von Wuppertal nach Indien suchten. Sie kamen nur bis Basel, verliebten sich in eine Schallplattenverkäuferin und kauften jeden Tag eine Tango-Platte. Meine Großmutter mütterlicherseits ist zweimal mit ihnen spazieren gegangen. Mein Großvater wäre beinahe auf offenem Feld von einer Hundertschaft Polizisten erschossen worden, weil er einem der Räuber ein wenig ähnlich sah.“	2	„Das ist die Geschichte des Musikers Johannes Elias Alder, der zweiundzwanzigjährig sein Leben zu Tode brachte, nachdem er beschlossen hatte, nicht mehr zu schlafen. Denn er war in unsägliche und darum unglückliche Liebe zu seiner Cousine Elsbeth entbrannt und seit jener Zeit nicht länger willens, auch nur einen Augenblick lang zu ruhen, bis dass er das Geheimnis der Unmöglichkeit seines Liebens zugrunde geforscht hätte.“
3	„John Franklin war schon zehn Jahre alt und noch immer so langsam, dass er keinen Ball fangen konnte. […] Dem Spiel konnte John nicht folgen, also nicht Schiedsrichter sein. Er sah nicht genau, wann der Ball die Erde berührte. Er wusste nicht, ob es wirklich der Ball war, was gerade einer fing, oder ob der, bei dem er landete, ihn fing oder nur die Hände hinhielt. Er beobachtete Tom Barker. Wie ging denn das Fangen?“	4	„‚Tu es nicht', wollte er sagen, aber es ging nicht. Adrian Weynfeldt hielt den Blick auf die weißen, sommersprossigen Fäuste der Frau gerichtet. Sie hatten das schmiedeeiserne Geländer so fest umklammert, dass die Knöchel noch weißer hervortraten. Er wagte nicht, ihr in die Augen zu schauen. Sie hatte ihn als Zeugen ausgesucht. Er hoffte, ein Sprung ohne Blickkontakt wäre ihr zu unpersönlich.“
5	„Der Nachthimmel, der ganz frei von Wolken war, wies in der Ferne, über Ostberlin, schon einen hellen Schimmer auf, als Frank Lehmann, den sie neuerdings nur noch Herr Lehmann nannten, weil sich herumgesprochen hatte, dass er bald dreißig Jahre alt werden würde, quer über den Lausitzer Platz nach Hause ging. Er war müde und abgestumpft, er kam von der Arbeit im Einfall, einer Kneipe in der Wiener Straße, und es war spät geworden. Das war kein guter Abend, dachte Herr Lehmann, […] mit Erwin zu arbeiten macht keinen Spaß, dachte er, Erwin ist ein Idiot […].“	6	„Es war eine dunkle, stürmische Nacht in den ersten Tagen des Novembers, im Jahre 1599, als die spanische Schildwache auf dem Fort Liefkenhoek, an dem flandrischen Ufer der Schelde, das Lärmzeichen gab, die Trommel die schlafende Besatzung wachrief und ein jeder – Befehlshaber wie Soldat – seinen Posten auf den Wällen einnahm. […] Deutlich vernahm man durch das Getöse des Sturmes, durch das Brausen der Wasser fernen Kanonendonner, welcher nur von einem Schiffskampf auf der Westerschelde herrühren konnte.“

(Quellenangaben zu den Textausschnitten siehe „45 Vertretungsstunden Deutsch“, S. 87)

Margit Dietz | 45 Vertretungsstunden Deutsch | 978-3-589-23247-5

Name: Klasse: Datum:

Notiere in der Tabelle Stichpunkte zu dem Erzählanfang, der dir am besten gefällt. Benutze deine Stichpunkte als Grundlage für eine ein- bis zweiminütige Begründung, warum du das von dir gewählte Buch als Klassenlektüre empfehlen würdest.

	Erzählanfang Nummer ___
Worum geht es? Was ist das **Thema** des Textes? Was finde ich daran interessant?	
Wer kommt vor? Sind mir die **Personen** sympathisch? Was finde ich an ihnen interessant?	
Ort und **Zeit**: Wo und wann spielt die Handlung? Was spricht mich daran an?	
Welche **Atmosphäre** herrscht vor? Welche **Stimmung** wird erzeugt?	
Was fällt mir an der **Sprache** des Textes auf? Ist der Satzbau einfach oder komplex? Ist die Sprache eher sachlich oder eher emotional?	
Welche Art von Erzählung (Liebesgeschichte, Abenteuerroman, Kriminalroman usw.) erwarte ich? Welche **Erwartungen** habe ich außerdem noch an den Text?	

Margit Dietz | 45 Vertretungsstunden Deutsch | 978-3-589-23247-5

33 Begründen und Diskutieren: Herr Lehmann und die schöne Köchin

Ziel / Leitidee	Textverständnis herstellen, eine Meinung begründen
Klassenstufe	9 / 10
Vorbereitung / Material	Kopiervorlage in Klassenstärke / Tafel, Kreide
Sozialform	gesamte Klasse, Einzelarbeit (oder Partnerarbeit)
Kompetenzbereich	Lesen – mit Texten umgehen, Sprechen

Hinführung Der Textausschnitt aus dem Roman *Herr Lehmann* von Sven Regener wird vorgelesen. Anschließend wird das **Grobverständnis** des Textes **überprüft**:

- *Welche (größeren und kleineren) Probleme haben Frank und Karl?* [Karl: neues Personal, das nicht eingearbeitet ist, Frank fällt ihm auf die Nerven; Frank: unausgeschlafen und verkatert, Meinungsverschiedenheit mit Karl, Auseinandersetzung mit der Köchin, die ihm aber ausgesprochen gut gefällt.]
- *Welche unterschiedlichen Auffassungen zu Essenszeiten haben Frank und die Köchin?* [Frank: macht die Essenszeiten von seiner persönlichen Befindlichkeit anhängig, unkonventionelle Sichtweise; Kathrin: eher traditionelle Sichtweise, was angemessene Frühstücks- und Mittagessenszeiten angeht.]
- *Was gefällt Herrn Lehmann an der Köchin?* [ihr Äußeres („groß, kräftig und schön"), ihr Selbstbewusstsein, ihre direkte und respektlose Art]
- *Warum gefällt ihm der Gesprächsverlauf vermutlich weniger gut?* [Er sieht nicht so gut aus und scheint sich nicht durchsetzen zu können; sie lässt sich nicht einschüchtern; er würde gerne das Thema wechseln, weiß aber nicht, wie er das erreichen kann.]

Hauptphase Welche **Möglichkeiten** für den weiteren **Verlauf des Gespräches** sieht Herr Lehmann? Im Unterrichtsgespräch werden sie gesammelt und von der Lehrkraft an der Tafel notiert:

> 1. *Herr Lehmann gibt auf, bestellt ein Frühstück und ist der Verlierer.*
> 2. *Herr Lehmann versucht, über etwas anderes zu reden.*
> 3. *Herr Lehmann streitet weiterhin mit der Köchin.*

Die Schüler erhalten folgende **Aufgabe** (in Stillarbeit): *Wie sollte sich Frank Lehmann deiner Meinung nach der Köchin Kathrin gegenüber verhalten? Wie sollte das Gespräch weitergehen? Warum? Notiere Stichpunkte auf der Rückseite des Textblattes. Dazu hast du fünf Minuten Zeit. Trage deine Begründung anschließend in der Klasse vor. Sprich mindestens eine Minute lang.*

Ergebnissicherung Verschiedene Schüler tragen ihre Meinungen und Begründungen vor. Die Anzahl der Vorträge kann man von der zur Verfügung stehenden Zeit abhängig machen (je Möglichkeit ein bis drei Schüler).
Die Lehrkraft kann das Für und Wider jeder einzelnen Option an der Tafel sammeln, z. B.:

1. *+ Herr Lehmann bringt Kathrin nicht weiter gegen sich auf.*
   – Er setzt sich nicht durch und bestellt etwas, das er eigentlich gar nicht will.
2. *+ Ein Themenwechsel entspannt möglicherweise die Stimmung.*
   – Herr Lehmann bekommt nichts zu essen.
3. *+ Frank Lehmann wahrt sein Gesicht und wirkt wie ein „echter Kerl".*
   – Er erhält nach der Auseinandersetzung vermutlich keine Chance mehr, die Köchin näher kennenzulernen.

Alternativen Man kann den Arbeitsauftrag auch in **Partnerarbeit** erledigen lassen. Jedes Schülerpaar entscheidet selbst, wer den Vortrag übernimmt.

Mögliche Anschlussaktivitäten **Stegreifspiel:** Fortsetzung des Gespräches zwischen Frank Lehmann und der Köchin Kathrin. Man kann alle drei Varianten durchspielen lassen: Frank Lehmann lenkt ein, er wechselt das Thema, er bleibt weiter auf Konfrontationskurs.

Tipp: Die Schüler sollten vor dem Stegreifspiel kurz den Charakter der Köchin beschreiben, damit ihre Darstellung zur Anlage des literarischen Charakters passt. Kathrin ist in der dargestellten Szene selbstbewusst, energisch, direkt, ein bisschen spöttisch und mitunter etwas aggressiv.

Name: Klasse: Datum:

Sven Regener: *Herr Lehmann*

Frank Lehmann, bald 30 Jahre alt, wird von allen nur „Herr Lehmann“ genannt. Müde sitzt er in seiner Stammkneipe.

Herr Lehmann [...] merkte, dass er Hunger hatte.

„Ich brauch keine Karte“, sagte er entspannt.

„Was willst du denn?“

„Schweinebraten“, sagte Herr Lehmann, der nie etwas anderes aß, wenn er in der Markthallenkneipe war.

„Frank!“

„Was denn?“

„Frank, es ist elf Uhr. Kannst du nicht irgendein Frühstück bestellen, wie alle anderen auch?“

„Frühstück“, sagte Herr Lehmann, der sich schon viel besser fühlte. „Frühstück, das ist doch Quatsch ist das.“

„Ich weiß. Nimm doch das amerikanische“, sagte sein bester Freund Karl und es lag eine Erschöpfung in seiner Stimme, die es Herrn Lehmann dann doch leidtun ließ, dass er solche Umstände machte. „Das sind Spiegeleier mit Speck und Bratkartoffeln, das ist doch okay.“

„Nee, danke.“

„Manchmal könnte ich dich an die Wand klatschen, Frank, vor allem, wenn du einen Kater hast. Die Hütte ist gestopft voll, wir haben eine neue Frau an den Tischen, die nichts rafft, und außerdem noch eine neue Frau in der Küche, was meinst du, was die mir um die Ohren haut, wenn ich der jetzt mit Schweinebraten komme.“

„Du hast Angst vor einer Frau in der Küche?“

„Du kennst die nicht. Die hat sogar Koch gelernt. Richtig gelernt.“

„Na und?“ […]

„Frank, stell dich nicht blöd.“ Sein bester Freund Karl stand auf und grinste erschöpft. „Na ja, mir soll’s egal sein. Ich schick sie dir raus, du kannst ja mal selber mit ihr sprechen.“ [...]

Als er diese zweite Flasche Bier anbrach, war sie plötzlich da. Sie ließ sich ihm gegenüber auf den anderen Stuhl fallen und musterte ihn kritisch. Sie war groß, kräftig und schön. Er hatte noch den Flaschenhals im Mund, als sie ihn ansprach:

„Ist es da nicht ein bisschen früh für?“

Herr Lehmann setzte die Flasche ab.

„Wofür?“

„Beides. Bier und Schweinebraten.“

„Find ich nicht.“ Herr Lehmann wusste, dass dies ein harter Kampf werden würde, der seine ganze Konzentration erforderte. Darum nahm er seinen Blick von ihrem großen Busen und begann schon einmal, seine Argumente zu sortieren.

„Das merke ich“, sagte sie trocken.

Margit Dietz | 45 Vertretungsstunden Deutsch | 978-3-589-23247-5

Name: Klasse: Datum:

„Was wofür früh ist, und was wofür spät ist“, begann Herr Lehmann eine Stegreiftheorie zu entwickeln, „ist allein Gegenstand der gesellschaftlichen Verabredung. „Oder sagen wir mal so ...“, wechselte er die Richtung, […] „wenn es okay ist, dass hier so Volldeppen bis 17 Uhr frühstücken, dann wird es ja wohl auch okay sein, um elf Uhr einen Schweinebraten zu bestellen.“

„Ich würde es lieber anders herum ausdrücken“, kam es unbeeindruckt aus dem Mund der schönen Frau, […] „wenn die Welt schon mit Arschlöchern vollgestopft ist, die bis 17 Uhr frühstücken, wieso brauchen wir dann auch noch Knallchargen, die um elf Uhr schon Schweinebraten bestellen?“

Herr Lehmann war begeistert. So hatte er noch nie eine Frau reden hören. Eigentlich wollte er überhaupt keinen Schweinebraten mehr, aber wenn sie so mit ihm sprach, hatte er natürlich keine Lust, die Sache fallenzulassen.

„Was ist schon dabei, einen Schweinebraten zu machen?“, fragte er, „Der ist doch sowieso von gestern Abend, da schneidet ihr doch nur was ab, ein bisschen kalte Soße drüber und ab in die Mikrowelle, das kenne ich doch, da erzählt mir keiner was.“

„Soso, da erzählt dir keiner was!“, sagte sie unbeeindruckt und steckte sich eine Zigarette in den Mund. „Kannst du mal den Aschenbecher rüberschieben?“

Herr Lehmann schob ihr den Aschenbecher rüber.

„Nein, da erzählt mir keiner was.“

„Und wenn ich dir sage, dass kein Schweinebraten von gestern Abend da ist? Was ist dann?“

Herr Lehmann hätte jetzt doch gern die Unterhaltung in andere Bahnen gelenkt. Warum, dachte er, kann ich nicht mit ihr darüber reden, wie alt sie ist, wie sie heißt und was sie macht, wenn sie heute fertig ist?

„Dann sage ich, dass es jetzt vielleicht erst Viertel nach elf ist, aber ab halb eins geht hier der normale Mittagessenscheiß los und dann braucht ihr sowieso Schweinebraten.“

„Und wenn ich dir sage, dass ich auch nicht von gestern bin und dass der Schweinebraten schon im Ofen ist und dass der noch eine Stunde braucht [...], Klugscheißer?“

Es verstrichen einige Sekunden, in denen Herr Lehmann sich entscheiden musste, wie er weiter vorgehen sollte. Sollte er einlenken? Sollte er zugeben, dass sie recht hatte? Sollte er ein amerikanisches Frühstück bestellen? Sollte er einfach das Thema wechseln? […] Andererseits: Sollte er sich wirklich widerstandslos als Klugscheißer bezeichnen lassen?

(Aus: Sven Regener: Herr Lehmann.
Mit freundlicher Genehmigung des Eichborn Verlags
© Eichborn AG, Frankfurt am Main, Juli 2001. S. 46–50.)

Margit Dietz | 45 Vertretungsstunden Deutsch | 978-3-589-23247-5

34 Mein Lebenslauf im Jahr 2050

Ziel / Leitidee	einen realistischen Lebenslauf verfassen, die Inhalte mündlich vortragen
Klassenstufe	9 / 10
Vorbereitung / Material	Kopiervorlage in Klassenstärke / Tafel, Kreide
Sozialform	gesamte Klasse, Einzelarbeit
Kompetenzbereich	Schreiben, Sprechen und Zuhören

Hinführung Kurzes **Unterrichtsgespräch** zur Frage: *Was würdest du in 30 Jahren gerne erreicht oder gemacht haben?* Jeder Schüler kann ein Ziel nennen, das er in der Zukunft erreichen möchte. Die Lehrkraft leitet dann über zum Thema „Lebenslauf" als systematische Auseinandersetzung mit dem eigenen Werdegang.

Hauptphase Die Schüler erhalten die Vorlage für einen tabellarischen Lebenslauf. Zunächst geht die Lehrkraft mit der Klasse die einzelnen Abschnitte durch und erläutert, welche Angaben in welcher Form jeweils erwartet werden (evtl. veranschaulichende Notizen an der Tafel):

Lebenslauf
Persönliche Daten: *in einer Flucht untereinander, nicht direkt hinter den Doppelpunkten beginnen*
Schulbildung: *besuchte Schulen: links Zeitangaben (z. B.: 09 / 2006–07 / 2010), rechts in einer Linie mit den persönlichen Angaben Art, Name und Ort der Schule mit evtl. Schulabschlüssen*
Berufsausbildung / Hochschulbildung: *Zeitangaben wie oben, rechts Name und Ort der Firma / Hochschule, Bezeichnung des Ausbildungs- oder Studiengangs, erreichter Abschluss, auch Praktika*
Berufliche Tätigkeit: *Zeitangaben wie oben, rechts Name und Ort der Firma, ausgeübte Tätigkeit*
Besondere Kenntnisse und Zusatzqualifikationen: *z. B. Fremdsprachen, IT-Kenntnisse, ehrenamtliche Tätigkeiten, Auszeichnungen*
Ort, Datum
Unterschrift *unten hinzufügen*

Tipp: Man sollte zusätzlich darauf hinweisen, dass rechts oben ein Passfoto aufgeklebt werden müsste und dass es neben dieser tabellarischen, im Regelfall mit dem Computer erstellten Form des Lebenslaufs auch noch den ausführlichen, handgeschriebenen Lebenslauf gibt, den manche Arbeitgeber ausdrücklich verlangen.

In den folgenden zwölf Minuten sollen die Schüler in Einzelarbeit ihren **„Wunschlebenslauf" erstellen**, der aber dennoch im Wesentlichen realistisch bleiben soll.

Ergebnissicherung / Präsentation Nach dem Ablauf der Arbeitszeit **stellen** einzelne Schüler ihren **Lebenslauf mündlich vor**, wobei darauf zu achten ist, dass sie nicht einfach die Tabelle vorlesen, sondern ihre fiktive Lebensgeschichte in **zusammenhängenden Sätzen** darstellen.

Mögliche Anschlussaktivitäten Vermutlich werden verschiedene Aspekte in vielen Lebensläufen auftauchen. Man kann mit den Schülern thematisieren, welche **Gemeinsamkeiten** (Lebenspartner, Familie, gute Ausbildung, sicherer und gut bezahlter Arbeitsplatz usw.) ihre Lebensläufe aufweisen und was das über ihre Zukunftserwartungen im Allgemeinen aussagt.

Name: Klasse: Datum:

Mein Lebenslauf im Jahr 2050

Lebenslauf

Persönliche Daten

Name, Vorname:

Anschrift:

Geburtsdatum:

Geburtsort:

Staatsangehörigkeit:

Familienstand:

Schulbildung

Berufsausbildung / Hochschulbildung

Berufliche Tätigkeit

Besondere Kenntnisse und Zusatzqualifikationen

Margit Dietz | 45 Vertretungsstunden Deutsch | 978-3-589-23247-5

Stärken und Schwächen: Tierkreiszeichen

35

Ziel / Leitidee	Texte lesen und untersuchen, Wortschatz erweitern
Klassenstufe	9/10
Vorbereitung / Material	Kopiervorlage in Klassenstärke / Schülerhefte oder Notizpapier; Tafel und Kreide
Sozialform	Einzelarbeit
Kompetenzbereich	Lesen – mit Texten umgehen, Sprache und Sprachgebrauch untersuchen

Hinführung Die Lehrkraft fordert die Schüler auf, dass jeder für sich eine seiner **Stärken** und eine seiner **Schwächen** (verdeckt) auf einem Zettel **notiert** und diesen zur Seite legt.

Hauptphase Die Schüler erhalten die Kopiervorlage mit den Beschreibungen der einzelnen Tierkreiszeichen. In Stillarbeit erledigen sie den folgenden **Arbeitsauftrag** (zumindest die Beispiele sollten an die Tafel geschrieben werden): *Suche aus der Beschreibung für dein eigenes Tierkreiszeichen alle charakterisierenden Adjektive und Wortgruppen heraus. Schreibe sie in einer Liste untereinander. Finde anschließend ein Wort oder eine Formulierung, die das Gegenteil zum Ausdruck bringt. Arbeitszeit: zehn Minuten.*

BEISPIELE		*GEGENTEILE*
aggressiv	–	*friedlich, friedliebend*
faul	–	*fleißig*
macht nicht viele Worte	–	*gesprächig*

Tipp: Vielleicht sollte man die Schüler darauf hinweisen, dass eine einfache Verneinung mit ***nicht*** oder ***un-*** zwar richtig sein kann, aber hier die Ausnahme bleiben sollte.

Ergebnissicherung Die einzelnen Texte werden laut vorgelesen und die Eigenschaftspaare werden genannt.
Zum Abschluss sollen die Schüler vergleichen, ob sie die von ihnen anfangs notierten Eigenschaften bei ihrem Tierkreiszeichen wiederfinden. Man kann zusätzlich mit der Klasse besprechen, wie zutreffend die einzelnen Charakteristiken sind.

Alternativen Man **beschränkt** die zu erstellenden Listen **auf Adjektive** und verkürzt die Arbeitszeit auf fünf Minuten. Das letzte oben genannte Beispiel fällt dann weg.

Mögliche Anschlussaktivitäten *Erkläre in etwa fünf Sätzen, welche der genannten Eigenschaften auf dich zutreffen und welche nicht, und erläutere, woran man das erkennt.* (mündlich oder schriftlich)

Name: Klasse: Datum:

Tierkreiszeichen

Widder ★ 21. März–20. April	Waage ★ 24. Sep.–23. Okt.
♈ Widder sind voller Energie – haben sie einmal losgelegt, kann niemand sie aufhalten. Nicht immer gehen sie dabei überlegt vor. Zwar setzen sie gerne ihren Kopf durch, aber sie sind großzügig und haben viel Familiensinn. Widder genießen die Macht und möchten den Ton angeben. Sie sind nicht immer ordentlich.	♎ Waagen sind liebenswerte Menschen, die ungern allein sind und versuchen, immer allen alles recht zu machen. Sie haben viel Sinn für Gerechtigkeit und sind ausgesprochen harmoniebedürftig. Sie sind ausgeglichene Menschen, die mitunter zur Unentschlossenheit neigen.
Stier ★ 21. April–20. Mai	**Skorpion ★ 24. Okt.–22. Nov.**
♉ Stiere sagen immer, was sie denken – auch wenn ihnen das Ärger einbringt. Sie arbeiten ausdauernd und sind verlässlich, aber sie können auch sehr stur sein. Weil sie immer ruhig und überlegt vorgehen, wirken sie mitunter ein wenig langsam. Sie lieben gutes Essen. Sicherheit und Besitz sind ihnen wichtig.	♏ Skorpione sind aktiv und vielseitig, furchtlos und hilfsbereit. Sie haben einen starken Willen und bringen immer zu Ende, was sie angefangen haben. Das kann Probleme verursachen, da sie dabei nie auf andere hören. Skorpione neigen zu Neid und Eifersucht, sie können launisch und angriffslustig sein.
Zwilling ★ 21. Mai–20. Juni	**Schütze ★ 23. Nov.–21. Dez.**
♊ Zwillinge sind immer aktiv. Spaß, Witze und Partys sind ihr Ding – allein sind sie nicht gerne. Zwillinge lernen schnell, aber nur, wenn etwas sie interessiert, und sie nehmen ihre Arbeit nicht immer ernst genug. Freunde finden sie schnell, aber sie langweilen sich auch rasch. Etwas mehr Optimismus würde ihnen guttun.	♐ Schützen sind unverbesserliche Optimisten und neuen Ideen gegenüber sehr aufgeschlossen. Ihre unbedingte Ehrlichkeit und ihre Direktheit werden von vielen als Taktlosigkeit empfunden. Es fehlt ihnen häufig an Geduld und Durchhaltevermögen, aber sie sind fröhliche und warmherzige Menschen mit vielseitigen Talenten.
Krebs ★ 21. Juni–22. Juli	**Steinbock ★ 22. Dez.–20. Jan.**
♋ Krebse sind sehr sensibel und verletzlich. Sie sind beliebt bei ihren Freunden, aber zeigen selten ihre Gefühle und versuchen, ihre Schüchternheit zu überspielen. Sie sind anhänglich, die Familie bedeutet ihnen viel und Konflikte wollen sie vermeiden. Sie besitzen eine gute Beobachtungsgabe und eine lebhafte Fantasie.	♑ Steinböcke sind arbeitsame, ausdauernde und ehrgeizige Menschen. Ihre Pflichten sind ihnen sehr wichtig, und sie gehen planvoll und entschlossen vor. Man kann sich auf einen Steinbock immer verlassen, aber sie können sehr direkt sein und damit andere Menschen verletzen. Manchmal können sie egoistisch sein, und ihre Sparsamkeit grenzt bisweilen an Geiz.
Löwe ★ 23. Juli–23. Aug.	**Wassermann ★ 21. Jan.–19. Febr.**
♌ Löwen haben einen starken Willen und sind ausgeprägte Persönlichkeiten. Sie sind großzügig und fürsorglich, aber auch stolz: Da sie eine hohe Meinung von sich selbst haben, hören sie kaum auf andere. Vorsicht und Bescheidenheit sind nicht ihre Stärke. Sie sind geborene Führungspersonen, lieben ihre Unabhängigkeit und können sehr geistreich sein.	♒ Wassermänner schäumen über vor Ideen und Plänen – sie sind kreativ und geistreich. Sie sind offene und ehrliche Menschen, die für ihre Hilfsbereitschaft und Selbstlosigkeit bekannt sind. Wassermänner lieben ihre Freiheit, gelten oft als eitel, kritisch und etwas launisch. Ihnen zugefügte Kränkungen vergessen sie fast nie.
Jungfrau ★ 24. Aug.–23. Sep.	**Fische ★ 20. Febr.–20. März**
♍ Jungfrauen lieben die Ordnung und können kleinlich sein. Sie sind ernst, vernünftig und ruhig, gehen aber mit anderen manchmal zu kritisch um. Jungfrauen sind Organisationstalente, sie sind freundlich und würden für ihre Freunde alles tun. Und sie haben sehr viel Sinn für Humor – der sich unter der ernsten Oberfläche verbergen kann!	♓ Fische haben eine lebhafte Fantasie, sie sind romantisch und verträumt. Man verletzt sie leicht, aber sie besitzen viel Einfühlungsvermögen und Geduld. Fische sind tolerante und bescheidene Wesen. Sie haben viele Talente, wissen aber oft nicht, sie richtig zu nutzen. Ein Fisch kann sehr gutmütig, aber auch sehr nachtragend sein.

Margit Dietz | 45 Vertretungsstunden Deutsch | 978-3-589-23247-5

Name: Klasse: Datum:

Tierkreiszeichen – Lösungsvorschlag

Widder ★ 21. März–20. April

♈ voller Energie – antriebslos; nicht immer überlegt – planvoll, zielstrebig; setzen gerne ihren Kopf durch – flexibel, anpassungsfähig, kompromissbereit; großzügig – sparsam, kleinlich; viel Familiensinn – nicht häuslich, in sich gekehrt; genießen die Macht und möchten den Ton angeben – zurückhaltend, bescheiden; nicht immer ordentlich – gut organisiert

Stier ★ 21. April–20. Mai

♉ sagen immer, was sie denken – taktvoll, zurückhaltend; ausdauernd – ungeduldig; verlässlich – unzuverlässig; stur – kompromissbereit; ruhig, überlegt – unbesonnen; lieben gutes Essen – genügsam, legen keinen Wert auf Genuss; Sicherheit und Besitz wichtig – abenteuerlustig, risikobereit, draufgängerisch

Zwilling ★ 21. Mai–20. Juni

♊ aktiv – passiv; Spaß, Witze ihr Ding – ernst, nicht amüsant, kaum unterhaltsam; nicht gerne allein – ungesellig, einzelgängerisch, in sich gekehrt; lernen schnell – begriffsstutzig, langsam; nehmen ihre Arbeit nicht immer ernst genug – pflichtbewusst; Freunde finden sie schnell – verschlossen, schüchtern, misstrauisch; langweilen sich rasch – ausdauernd, geduldig; wenig Optimismus – wenig Pessimismus

Krebs ★ 21. Juni–22. Juli

♋ sensibel, verletzlich – dickhäutig; beliebt bei Freunden – unbeliebt, wird kaum geschätzt; zeigen selten ihre Gefühle – offen; Schüchternheit – draufgängerisch; anhänglich – unabhängig; wollen Konflikte vermeiden – angriffslustig, aggressiv; gute Beobachtungsgabe – langsam in der Wahrnehmung / Auffassung; lebhafte Fantasie – einfallslos

Löwe ★ 23. Juli–23. August

♌ starker Wille – willensschwach; ausgeprägte Persönlichkeiten – schwach, leicht beeinflussbar; großzügig – sparsam, kleinlich; fürsorglich – unaufmerksam anderen gegenüber, rücksichtslos; stolz – bescheiden; hören kaum auf andere – gesprächsbereit; Vorsicht und Bescheidenheit nicht ihre Stärke – rücksichtsvoll und wollen nicht im Mittelpunkt stehen; lieben ihre Unabhängigkeit – unselbstständig; geistreich – langweilig, einfallslos

Jungfrau ★ 24. Aug.–23. Sep.

♍ lieben die Ordnung – unordentlich, chaotisch; kleinlich – großzügig; ernst – fröhlich; vernünftig – leichtsinnig, leichtfertig; ruhig – unbesonnen; manchmal zu kritisch – verständnisvoll, tolerant; Organisationstalente – chaotisch, planlos; freundlich – missgelaunt, frech, unverschämt, unhöflich; würden für ihre Freunde alles tun – egoistisch, eigennützig, gleichgültig; viel Sinn für Humor – humorlos

Waage ★ 24. Sep.–23. Okt.

♎ liebenswert – unangenehm; ungern allein – ungesellig, verschlossen; versuchen immer, allen alles recht zu machen – eigensinnig, rechthaberisch; Sinn für Gerechtigkeit – können ungerecht sein; harmoniebedürftig – scheuen keinen Konflikt; ausgeglichen – launisch; neigen zur Unentschlossenheit – resolut, entschlossen, bestimmt

Skorpion ★ 24. Okt.–22. Nov.

♏ aktiv – passiv; vielseitig – einseitig; furchtlos – ängstlich; hilfsbereit – eigennützig; starker Wille – willensschwach; hören nie auf andere – kompromissbereit, beeinflussbar; neigen zu Neid – gönnen anderen etwas; neigen zu Eifersucht – kaum eifersüchtig; launisch – ausgeglichen; angriffslustig – friedfertig

Schütze ★ 23. Nov.–21. Dez.

♐ unverbesserliche Optimisten – Schwarzseher, pessimistisch; aufgeschlossen – voreingenommen, engstirnig; Ehrlichkeit – hinterhältig, verlogen; Direktheit – taktvoll, zurückhaltend; fehlt an Geduld und Durchhaltevermögen – ausdauernd, geduldig; fröhlich – ernst; warmherzig – kalt, abweisend; mit vielseitigen Talenten – einseitig

Steinbock ★ 22. Dez.–20. Jan.

♑ arbeitsam – faul; ausdauernd – ungeduldig; ehrgeizig – antriebslos; Pflichten sehr wichtig – oberflächlich, unzuverlässig; planvoll – ziellos; entschlossen – zögerlich; man kann sich immer auf sie verlassen – unzuverlässig; direkt – taktvoll; egoistisch – selbstlos; Sparsamkeit – großzügig, gastfreundlich

Wassermann ★ 21. Jan.–19. Febr.

♒ kreativ – einfallslos; geistreich – langweilig, einfallslos; offen – verschlossen; ehrlich – unehrlich, verlogen; Hilfsbereitschaft und Selbstlosigkeit – egoistisch, eigennützig; lieben ihre Freiheit – häuslich, anhänglich, treu; eitel – bescheiden, uneitel; kritisch – tolerant; launisch – ausgeglichen; Kränkungen vergessen sie nie – versöhnlich, verzeihen schnell

Fische ★ 20. Febr.–20. März

♓ lebhafte Fantasie – fantasielos, einfallslos; romantisch und verträumt – realistisch; leicht verletzt – dickhäutig, gefühllos, unempfindlich; Einfühlungsvermögen – rücksichtslos; Geduld – ungeduldig; tolerant – intolerant, engstirnig; bescheiden – angeberisch; viele Talente – einseitig; gutmütig – rücksichtslos; nachtragend – verzeihen schnell, versöhnlich

Margit Dietz | 45 Vertretungsstunden Deutsch | 978-3-589-23247-5

36 Sprachliche Mittel (er-)kennen und anwenden

Ziel / Leitidee	sprachliche Mittel erkennen und anwenden, ihre Wirkung bestimmen
Klassenstufe	9 / 10 (Die Stunde ist auch in der Sek. II einsetzbar.)
Vorbereitung / Material	Kopiervorlage in Klassenstärke / Tafel, Kreide; Schülerhefte oder Notizpapier
Sozialform	gesamte Klasse, Einzel- oder Partnerarbeit
Kompetenzbereich	Sprache und Sprachgebrauch untersuchen

Hinführung Im **Unterrichtsgespräch** nennen die Schüler möglichst viele ihnen bekannte **rhetorische Mittel**. Die Fachbegriffe werden von der Lehrkraft an der Tafel festgehalten, z. B.:

Metapher – Alliteration – Ironie – Klimax – Litotes – Personifikation – Symbol – Allegorie – Ellipse – Parallelismus – Suggestivfrage – rhetorische Frage – Asyndeton – Vergleich – Antithese – Akkumulation – Euphemismus – Neologismus – Anapher – Oxymoron – Inversion – Hyperbel – Chiasmus – Polysyndeton

Hinweis: Es ist nicht nötig, alle auf dem Arbeitsblatt verwendeten Stilmittel zu nennen, aber je umfangreicher die Liste ist, umso leichter wird die spätere Zuordnungsaufgabe für die Schüler.

Hauptphase / Ergebnissicherung

- Die Schüler erhalten die Kopiervorlage und erledigen die Aufgabe in Still- oder Partnerarbeit. Dafür haben sie zehn bis zwölf Minuten Zeit. Die Ergebnisse werden im Klassenverband besprochen und von den Schülern gegebenenfalls korrigiert. Gleichzeitig wird die **Wirkung** der einzelnen **Stilmittel** knapp bestimmt und notiert.

Hinweis: Den Schülern sollte klar sein, dass die Hauptaufgabe aller rhetorischen Mittel die Hervorhebung ist, dass sie dies aber auf unterschiedliche Weise leisten können.

- Anschließend sollen die Schüler den Erläuterungen und Beispielen den **korrekten Fachbegriff zuordnen**. Die zu Beginn der Stunde erstellte Liste hilft dabei. Dieser Arbeitsschritt kann im Unterrichtsgespräch oder in Still- / Partnerarbeit erledigt werden. Bei der Besprechung ergänzt die Lehrkraft evtl. unbekannte Begriffe.

Mögliche Anschlussaktivitäten Die Schüler entwerfen für ein Produkt ihrer Wahl einen kurzen **Werbetext**, der mindestens drei der aufgelisteten sprachlichen Mittel enthält.

Tipp: Idealerweise handelt es sich um einen Artikel, den entweder ohnehin alle kennen oder den der Schüler bei sich hat und zeigen kann.

Name: Klasse: Datum:

Sprachliche Mittel

Ordne die folgenden Definitionen a–r den Beispielen zu.

	Fachbegriff	Definition / Erläuterung	Wirkung
a		Aneinanderreihung von gleichrangigen Wörtern / Sätzen mit gleicher Konjunktion	
b		Aneinanderreihung von gleichrangigen Wörtern / Sätzen ohne Konjunktion	
c		beschönigender Ausdruck	
d		das Gegenteil des eigentlich Gemeinten äußern	
e		Gegenüberstellung von Gegensätzen	
f		grammatisch unvollständiger Satz, Weglassen von leicht ergänzbaren Elementen	
g		mehrere aufeinanderfolgende Sätze, in denen die Satzglieder in der gleichen Reihenfolge angeordnet sind	
h		Reihung von Wörtern mit Steigerung	
i		Scheinfrage, deren Antwort offensichtlich ist und daher nicht erwartet wird	
j		sprachliches Bild: Übertragung eines Bedeutungselements auf einen anderen Bereich	
k		Überkreuzstellung von sinntragenden Wörtern oder Wortgruppen im Satz	
l		Übertreibung	
m		Umstellung von Satzgliedern, Abweichen von der üblichen Stellung der Satzglieder	
n		Verbindung von zwei Sachverhalten mit der Partikel „wie"	
o		Vermenschlichung von unbelebten Gegenständen, von Tieren oder von Abstraktem	
p		Wiederholung der Anfangsbuchstaben bei aufeinanderfolgenden betonten Wörtern	
q		Wiederholung eines Wortes / einer Wortgruppe am Anfang eines Satzes, Absatzes, Verses	
r		Wort, das mit einer bestimmten Vorstellung verknüpft ist und dafür steht	

___ „Herz" = Liebe – „weiße Taube" = Frieden
___ Balken krachen, Pfosten stürzen, Fenster klirren, Kinder jammern, Mütter irren, Tiere wimmern (Schiller, „Das Lied von der Glocke")
___ Dich sah ich und … (Goethe, „Willkommen und Abschied")
___ Die Kunst ist lang, und kurz ist unser Leben. (Goethe, „Faust I")
___ Du bewegst dich ja im Schneckentempo! – Die Flammen schlugen bis in den Himmel.
___ Du machst ja schöne Geschichten!
___ Er stieß auf eine Mauer des Schweigens.
___ Er weint, er ist bezwungen, er ist unser! (Schiller, „Die Jungfrau von Orleans")
___ finster wie die Nacht – scheu wie ein Reh
___ frischer Frühlingsduft – Wind und Wetter
___ Was dieser heute baut, reißt jener morgen ein. (Gryphius, „Es ist alles eitel")
___ Halb zog sie ihn, halb sank er hin. (Goethe, „Der Fischer")
___ Ich bin stolz, heute in Ihre Stadt zu kommen […]. Ich bin stolz, auf dieser Reise die Bundesrepublik Deutschland […] besucht zu haben […]. (John F. Kennedy, Berliner Rede)
___ Raumpflegerin – entschlafen
___ Und es wallet und siedet und brauset und zischt. (Schiller, „Der Taucher")
___ Veilchen träumen schon (Eduard Mörike, „Er ist's")
___ Was nun? – Alles klar! – Nicht so schnell!
___ Was will man mehr?

Margit Dietz | 45 Vertretungsstunden Deutsch | 978-3-589-23247-5

Name: Klasse: Datum:

Sprachliche Mittel – Lösung

	Fachbegriff	Definition / Erläuterung – Wirkung	Beispiel
a	Polysyndeton	Aneinanderreihung von gleichrangigen Wörtern / Sätzen mit gleicher Konjunktion – Bewegung ausdrückend	Und es wallet und siedet und brauset und zischt. (Schiller, „Der Taucher“)
b	Asyndeton	Aneinanderreihung von gleichrangigen Wörtern / Sätzen ohne Konjunktion – hervorhebend, dynamisch	Balken krachen, Pfosten stürzen, Fenster klirren, Kinder jammern, Mütter irren, Tiere wimmern (Schiller, „Das Lied von der Glocke“)
c	Euphemismus	beschönigender Ausdruck – vorsichtig, zurückhaltend „vornehm“, oft ironisch	Raumpflegerin – entschlafen
d	Ironie	das Gegenteil des eigentlich Gemeinten äußern – witzig, satirisch	Du machst ja schöne Geschichten!
e	Antithese	Gegenüberstellung von Gegensätzen – besondere Betonung	Was dieser heute baut, reißt jener morgen ein. (Gryphius, „Es ist alles eitel“)
f	Ellipse	grammatisch unvollständiger Satz, Weglassen von leicht ergänzbaren Elementen – eindringlich, emotional	Was nun? – Alles klar! – Nicht so schnell!
g	Parallelismus	mehrere aufeinanderfolgende Sätze, in denen die Satzglieder in der gleichen Reihenfolge angeordnet sind – betont gleichrangige Elemente	Halb zog sie ihn, halb sank er hin. (Goethe, „Der Fischer“)
h	Klimax	Reihung von Wörtern mit Steigerung – emotional	Er weint, er ist bezwungen, er ist unser! (Schiller, „Die Jungfrau von Orleans“)
i	rhetorische Frage	Scheinfrage, deren Antwort offensichtlich ist und daher nicht erwartet wird – kommunikativ, oft auch manipulativ	Was will man mehr?
j	Metapher	sprachliches Bild: Übertragung eines Bedeutungselements auf einen anderen Bereich – veranschaulichend	Er stieß auf eine Mauer des Schweigens.
k	Chiasmus	Überkreuzstellung von sinntragenden Wörtern oder Wortgruppen im Satz – hervorhebend, z. T. überraschend	Die Kunst ist lang, und kurz ist unser Leben. (Goethe, „Faust I“)
l	Hyperbel	Übertreibung – anschaulich, lebhaft	Du bewegst dich ja im Schneckentempo! – Die Flammen schlugen bis in den Himmel.
m	Inversion	Umstellung von Satzgliedern, Abweichen von der üblichen Stellung der Satzglieder – besondere Hervorhebung von Gefühlen oder Gedanken	Dich sah ich und … (Goethe, „Willkommen und Abschied“)
n	Vergleich	Verbindung von zwei Sachverhalten mit der Partikel „wie“ – anschaulich, lebendig	finster wie die Nacht – scheu wie ein Reh
o	Personifikation	Vermenschlichung von unbelebten Gegenständen, von Tieren oder von Abstraktem – anschaulich, lebendig, eindringlich	Veilchen träumen schon (Eduard Mörike, „Er ist's“)
p	Alliteration	Wiederholung der Anfangsbuchstaben bei aufeinanderfolgenden betonten Wörtern – besonders einprägsam	frischer Frühlingsduft – Wind und Wetter
q	Anapher	Wiederholung eines Wortes / einer Wortgruppe am Anfang eines Satzes, Absatzes, Verses – eindringlich, oft auch emotional	Ich bin stolz, heute in Ihre Stadt zu kommen […]. Ich bin stolz, auf dieser Reise die Bundesrepublik Deutschland […] besucht zu haben […]. (John F. Kennedy, Berliner Rede)
r	Symbol	Wort, das für eine bestimmte Vorstellung steht – anschaulich	„Herz“ = Liebe – „weiße Taube“ = Frieden

Margit Dietz | 45 Vertretungsstunden Deutsch | 978-3-589-23247-5

Verschiedene Stilebenen

37

Ziel / Leitidee	verschiedene Stilebenen erkennen, ihre Wirkung im Text erproben
Klassenstufe	9 / 10
Vorbereitung / Material	Kopiervorlage in Klassenstärke / Tafel, Kreide; Schülerhefte oder Notizpapier
Sozialform	gesamte Klasse, Einzel- und Partnerarbeit
Kompetenzbereich	Sprache und Sprachgebrauch untersuchen, Schreiben

Hinführung Die Lehrkraft schreibt die drei Wörter *Geschmeide – Schmuck – Klunker* an die Tafel und lässt die Schüler erklären, worin der Unterschied besteht. Als Ergebnis werden die **unterschiedlichen Stilebenen** notiert: *gehobener Stil – normalsprachlicher Stil – umgangssprachlicher oder vulgärer Stil.*

Hauptphase Die Schüler erhalten die Kopiervorlage. Zunächst erledigen sie Aufgabe 1 in Stillarbeit (Zeitvorgabe: acht Minuten). Die Lösungen werden anschließend verglichen. [Lösung: **gehobener Stil:** Antlitz, die Contenance verlieren, ein Problem durchdringen, entfliehen, entschlafen, entwenden, erhalten, Gewand, Haupt, Ressourcen, Ross, sich entfernen, speisen, Wagen; **normalsprachlicher Stil:** Auto, bekommen, essen, fressen (bei Tieren), Geld, Gesicht, Kleidung, Kohle (Gestein), Kopf, Mühle (Gebäude, Spiel), Pferd, sich aufregen, stehlen, sterben, verschwinden, verstehen, weggehen; **umgangssprachlicher oder vulgärer Stil:** abhauen, abkratzen, ausflippen, checken, Fresse, fressen (bei Menschen), futtern, Gaul, kapieren, Klamotten, klauen, Klepper, Knete, Kohle, kriegen, Mühle (z. B. Arbeitstrott), raffen, Rübe, verrecken, Visage]

Arbeitsauftrag 2 ist in Partnerarbeit (zwölf bis fünfzehn Minuten) schriftlich zu erledigen.

Tipp: Gegebenenfalls sollte man die Schüler darauf hinweisen, dass es nicht darum geht, möglichst viele möglichst ordinäre Ausdrücke zu verwenden.

Ergebnissicherung Die Ergebnisse werden laut vorgelesen und von den Mitschülern kritisch bewertet: Was ist gut gelungen, was weniger? Wie wirken die einzelnen Texte? [komisch, witzig, übertrieben, respektlos, frech, steif, altmodisch usw.]

Mögliche Anschlussaktivitäten Die Schüler übertragen einen kurzen literarischen Text oder Textausschnitt, den sie aus dem Unterricht kennen (und den sie idealerweise im Deutschbuch vor sich oder in Kopie im Heft haben), in Jugend- oder Umgangssprache. Das kann in Einzel- oder Partnerarbeit geschehen. Die Ergebnisse werden laut vorgelesen und von den Mitschülern kommentiert: Was war gut, was war weniger gelungen? Warum?

Hinweis: Damit die Aufgabe nicht zu schwierig ist, sollten Gedichte in Prosa übertragen werden. Außerdem dürfen die Schüler die Texte inhaltlich raffen.

Name: Klasse: Datum:

Verschiedene Stilebenen

1 **a)** Ordne die Wörter aus dem Kasten in die Tabelle ein. Manchmal gibt es für ein Wort mehrere Möglichkeiten.

b) Finde mindestens eine weitere vollständige Dreiergruppe für die Tabelle.

abhauen – abkratzen – Antlitz – ausflippen – Auto – bekommen – checken – die Contenance verlieren – ein Problem durchdringen – entfliehen – entschlafen – entwenden – erhalten – essen – Fresse – fressen – futtern – Gaul – Geld – Gesicht – Gewand – Haupt – kapieren – Klamotten – klauen – Kleidung – Klepper – Knete – Kohle – Kopf – kriegen – Mühle – Pferd – raffen – Ressourcen – Ross – Rübe – sich aufregen – sich entfernen – speisen – stehlen – sterben – verrecken – verschwinden – verstehen – Visage – Wagen – weggehen

gehobener Stil	normalsprachlicher Stil	umgangssprachlicher oder vulgärer Stil

2 Verfasse mit deinem Partner je einen Dialog im gehobenen Stil und einen im umgangssprachlichen Stil. Wähle dafür aus den folgenden Rahmenthemen aus. Jeder Gesprächsteilnehmer muss mit mindestens zwei Redebeiträgen am Dialog beteiligt sein.

- Zu Hause: Ein Jugendlicher bedankt sich bei einem Elternteil für ein sehr gelungenes Geburtstagsgeschenk.
- Im Jeansladen: Eine Kundin reklamiert bei einem Mitarbeiter eine Hose.
- Auf dem Pausenhof: Eine Schülerin beklagt sich bei einer Lehrkraft über das Verhalten eines Mitschülers.
- Zu Hause: Ein Jugendlicher wird von einem Elternteil zum Aufräumen aufgefordert.
- In der Schule: Ein Schüler kommt zu spät und wird vom Schulleiter erwischt.
- Im Supermarkt: Ein Jugendlicher beichtet einer Verkäuferin, dass er mehrere Flaschen Saft zerbrochen hat.
- An der Kinokasse: Ein Wartender beschwert sich bei einem Jugendlichen über dessen Gedrängel.
- In der U-Bahn: Eine ältere Dame fordert einen Jugendlichen auf, ihr seinen Sitzplatz zu überlassen.

Margit Dietz | 45 Vertretungsstunden Deutsch | 978-3-589-23247-5

Satzverknüpfungen sinnvoll verwenden

38

Ziel / Leitidee	Textzusammenhänge erkennen und mit geeigneten sprachlichen Mitteln zum Ausdruck bringen, eine Inhaltsangabe verbessern
Klassenstufe	9 / 10
Vorbereitung / Material	eine der beiden Kopiervorlagen in Klassenstärke / Tafel, Kreide; Schülerhefte oder Notizpapier
Sozialform	gesamte Klasse, Einzelarbeit
Kompetenzbereich	Sprache und Sprachgebrauch untersuchen, Schreiben

Hinführung Die Schüler erhalten die von der Lehrkraft gewählte Kopiervorlage. Sie lesen die Liste von Sätzen zunächst still durch und werden dann aufgefordert, **sich zu der Inhaltsangabe** zu **äußern**. Vermutlich werden sie – neben der fehlenden Einleitung und dem fehlenden Schluss – sehr schnell die mangelnden Zusammenhänge kritisieren.

Hauptphase In einem kurzen **Vortrag mit Tafelanschrift** wiederholt die Lehrkraft die Möglichkeiten, wie in einem Text (temporale, kausale usw.) Zusammenhänge verdeutlicht werden können.

> ***Mittel der Zusammenfassung***
> *Satzreihe: Der Fremde kommt in Hamburg an und er ist müde.*
> *Satzgefüge (Adverbialsatz / Relativsatz): Der Fremde ist müde, als er in Hamburg ankommt. / Der Fremde, der in Hamburg ankommt, ist müde.*
> *Infinitivkonstruktion: Er freute sich darauf, in Hamburg anzukommen.*
> *Nominalisierung / Präpositionalgefüge: Bei / Nach seiner Ankunft in Hamburg war der Fremde müde.*

Folgender **Arbeitsauftrag** ist von den Schülern in Einzelarbeit (15 bis 20 Minuten) schriftlich zu erledigen: *Formuliere die Inhaltsangabe so um, dass die Zusammenhänge herausgearbeitet werden. Verwende dazu verschiedene Mittel der Zusammenfassung.*

Ergebnissicherung Im **Unterrichtsgespräch** wird anschließend eine **Musterlösung** erarbeitet, die die Lehrkraft an der Tafel festhalten kann.

Mögliche Anschlussaktivitäten *Begründe in drei bis vier Sätzen, warum du dieses Werk (nicht) gerne lesen würdest. Notiere dir Stichpunkte und trage deine Begründung vor.* Die Schüler haben für diese Aufgabe drei Minuten Zeit. Anschließend werden möglichst viele Begründungen vorgetragen.

Alternativen Um Zeit zu sparen und die Schreibarbeit für die Schüler zu reduzieren, kann man arbeitsteilig vorgehen: Die Klasse wird in drei Gruppen unterteilt, die Schüler bearbeiten in Einzelarbeit die Sätze 1 bis 7 (Gruppe 1), 8 bis 13 (Gruppe 2) und 14 bis 19 (Gruppe 3).

Name: Klasse: Datum:

Inhaltsangaben?

Friedrich Dürrenmatt: *Der Besuch der alten Dame*

Die Kleinstadt Güllen erwartet den Besuch der alten Dame Claire Zachanassian.
Vor 45 Jahren hat Claire als junges Mädchen selbst in Güllen gewohnt.
Damals hieß sie Klara Wäscher.
Sie erwartete ein Kind von Alfred Ill.
Dieser verleugnete sie.
Klara wird als unverheiratete Mutter aus der Gesellschaft ausgestoßen.
Ihr Schicksal treibt sie in die Prostitution und zwingt sie zur Auswanderung.
Später wird sie durch Heirat sehr reich und einflussreich.
Mit ihren umfangreichen finanziellen Mitteln kauft sie Güllen heimlich auf.
Die Bürger sind hoch verschuldet, Firmen und die Stadt stehen vor dem Bankrott.
Bei ihrer Rückkehr in die alte Heimat erhofft man sich von Claire die Rettung vor dem wirtschaftlichen Ruin.
Sie bietet den Bürgern die Summe von einer Milliarde an.
Das Geld ist an eine Bedingung geknüpft.
Claire will Rache nehmen.
Die Güllener sollen als Gegenleistung für die Unterstützung Alfred Ill umbringen.
Die Bewohner sträuben sich gegen dieses unmenschliche Ansinnen.
Sie erliegen der Versuchung des Geldes.
Ill wird von seinen Mitbürgern getötet.
Die Stadt bekommt die rettende Summe.

Johann Wolfgang von Goethe: *Die Leiden des jungen Werthers*

Der junge, wohlhabende Werther hat eine unglückliche Liebe erlebt.
Er zieht sich in eine ländliche Gegend zurück.
Er möchte dort ohne Pflichten das Leben genießen, zeichnen und lesen.
Bei einem Ball lernt er Lotte kennen.
Lotte ist die älteste Tochter eines verwitweten Amtmannes.
Lotte versorgt nun anstelle der Mutter ihre acht jüngeren Geschwister.
Werther verliebt sich in sie.
Er weiß, dass Lotte bereits mit Albert verlobt ist.
Albert ist momentan verreist.
Albert kehrt zurück.
Werther und Albert freunden sich an.
Werthers Liebe zu Lotte wird trotz ihres Verlöbnisses immer inniger.
Werther beschließt, wegzugehen.
Nach einiger Zeit treibt es ihn zurück zu Lotte.
Lotte hat Albert inzwischen geheiratet.
Werther wird immer eifersüchtiger auf Albert und immer verzweifelter.
Lotte ist für ihn unerreichbar geworden.
Werther leiht sich – angeblich für eine bevorstehende Reise – Alberts Pistolen aus.
Einen Tag vor Weihnachten erschießt Werther sich.

Margit Dietz | 45 Vertretungsstunden Deutsch | 978-3-589-23247-5

Name: Klasse: Datum:

Inhaltsangaben – Lösungsvorschläge

Friedrich Dürrenmatt: ***Der Besuch der alten Dame***

Die Kleinstadt Güllen erwartet den Besuch der alten Dame Claire Zachanassian, **die** vor 45 Jahren als junges Mädchen selbst in Güllen gewohnt hat. Damals hieß sie Klara Wäscher **und** erwartete ein Kind von Alfred Ill. **Weil** dieser sie verleugnete, wird Klara als unverheiratete Mutter aus der Gesellschaft ausgestoßen. Ihr Schicksal treibt sie in die Prostitution und zwingt sie zur Auswanderung, **aber** später wird sie durch Heirat sehr reich und einflussreich. Mit ihren umfangreichen finanziellen Mitteln kauft sie Güllen heimlich auf, **sodass** die Bürger hoch verschuldet sind, Firmen und die Stadt vor dem Bankrott stehen. Bei ihrer Rückkehr in die alte Heimat erhofft man sich von Claire die Rettung vor dem wirtschaftlichen Ruin. Sie bietet den Bürgern die Summe von einer Milliarde an, das Geld ist **jedoch** an eine Bedingung geknüpft, **denn** Claire will Rache nehmen. Die Güllener sollen als Gegenleistung für die Unterstützung Alfred Ill umbringen. **Obwohl** sich die Bewohner **zunächst** gegen dieses unmenschliche Ansinnen sträuben, erliegen sie **schließlich** der Versuchung des Geldes. Ill wird von seinen Mitbürgern getötet **und** die Stadt bekommt die rettende Summe.

Johann Wolfgang von Goethe: ***Die Leiden des jungen Werthers***

Da der junge, wohlhabende Werther eine unglückliche Liebe erlebt hat, zieht er sich in eine ländliche Gegend zurück, **wo** er ohne Pflichten das Leben genießen, zeichnen und lesen möchte. Bei einem Ball lernt er Lotte kennen, **die** die älteste Tochter eines verwitweten Amtmannes ist **und** nun anstelle der Mutter ihre acht jüngeren Geschwister versorgt. Werther verliebt sich in sie, **obwohl** er weiß, dass Lotte bereits mit Albert verlobt ist, der momentan verreist ist. **Nach Alberts Rückkehr** freunden Werther und Albert sich an. **Als** Werthers Liebe zu Lotte trotz ihres Verlöbnisses immer inniger wird, beschließt Werther, wegzugehen. Nach einiger Zeit treibt es ihn zurück zu Lotte, **die** Albert inzwischen geheiratet hat. Werther wird immer eifersüchtiger auf Albert und immer verzweifelter, **denn** Lotte ist für ihn unerreichbar geworden. **Daher** leiht Werther sich – angeblich für eine bevorstehende Reise – Alberts Pistolen aus **und** erschießt sich einen Tag vor Weihnachten.

Margit Dietz | 45 Vertretungsstunden Deutsch | 978-3-589-23247-5

39 Arbeit mit dem Wörterbuch: Das richtige Fremdwort finden

Ziel / Leitidee	Wortschatz erweitern, den Umgang mit einem Wörterbuch üben
Klassenstufe	9 / 10
Vorbereitung / Material	Kopiervorlage in Klassenstärke; Bereitstellen von Wörterbüchern (ein Exemplar pro Schülerpaar) / Tafel, Kreide; Schülerhefte oder Notizpapier
Sozialform	Partnerarbeit, Einzelarbeit
Kompetenzbereich	Sprache und Sprachgebrauch untersuchen

Hinführung Die Schüler erhalten die Kopiervorlage und sollen spontan die **Fremdwörter** in den Sätzen **unterstreichen**, deren Bedeutung sie (zu) kennen (glauben).

Hauptphase / Ergebnissicherung Die Schüler lösen in **Partnerarbeit** (acht Minuten) zunächst den ersten **Arbeitsauftrag** auf der **Kopiervorlage**. Die Ergebnisse werden anschließend im Unterrichtsgespräch verglichen.
[Lösung: 1. Integration / Eingliederung, 2. peripher / am Rande, 3. kompetent / sachverständig, 4. marode / ruiniert, heruntergekommen, 5. revidieren / nach eingehender Prüfung ändern, 6. irregulär / nicht regelgemäß, 7. konform / einig, 8. Symptom / Anzeichen, 9. physisch / körperlich, 10. transferieren / Geld (ins Ausland) übertragen]

Die anschließende **schriftliche Aufgabe** erledigen die Schüler in **Einzelarbeit** (15 Minuten): Es werden möglichst viele Sätze vorgelesen und, wenn nötig, korrigiert. Die deutsche Entsprechung der Wörter sollte ebenfalls genannt werden, sodass am Ende jeder Schüler die Bedeutung aller Fremdwörter notiert hat. Abschließend sollen die Schüler noch ihre anfängliche Einschätzung überprüfen: Wie sicher war ihre Kenntnis der Fremdwörter?
[Lösung: 1. Tongebung / Neuerung, 2. „verdreht", von der Norm abweichend / hinterhältig, 3. vielschichtig / kurz gefasst, dicht, gedrungen, 4. im Verfall begriffen / fest, anständig, 5. beanstanden / ordnen, 6. nicht rückgängig zu machen / belanglos, unerheblich, 7. übereinstimmend / verwirrt, 8. Vereinigung, Zusammenführung / Zusammenkunft von Wissenschaftlern, 9. gleichnishaft / scharf und unsachlich, 10. umwandeln / schwitzen]

Mögliche Anschlussaktivitäten Jedes Schülerpaar entwirft ein **Rätsel**: Den Mitschülern werden drei „Fremdwörter" genannt, ein echtes und zwei erfundene (z. B. *apermodieren – apponieren – aprimieren*). Die Teams notieren, welches sie für das echte halten. Haben sie recht, bekommen sie einen Punkt. Wenn alle ihre Dreiergruppe vorgestellt haben, wird das Team ermittelt, das die meisten „echten" Fremdwörter erkannt hat (hier: *apponieren = beifügen*).

Name: Klasse: Datum:

Das richtige Fremdwort finden

1 Wähle für jeden Satz das Fremdwort aus, das ihn sinnvoll ergänzt. Notiere zusätzlich die deutsche Bedeutung des Wortes. Schlage bei Unklarheiten im Wörterbuch nach.

1. Die Bundesregierung hat die	Integration Intonation Innovation	von Zuwanderern in unsere Gesellschaft zu einem wichtigen Ziel erklärt.
2. Der Außenminister erklärt, Deutschland sei von dem Problem nur	pervers peripher perfide	betroffen.
3. Für eine Lösung ihres Sicherheitsproblems braucht die Firma	komplexe kompakte kompetente	Hilfe von Experten.
4. Um die	marode morbide solide	Firma zu retten, sind Gelder in Millionenhöhe notwendig.
5. Nach nochmaliger Lektüre des Romans muss ich mein ursprüngliches Urteil	revidieren. reklamieren. regulieren.	
6. Wie die Zeitlupe ergab, wurde das Tor aus einer	irreversiblen irrelevanten irregulären	Position erzielt.
7. In der Frage der Ausgabenkürzung gehen alle Regierungsmitglieder völlig	konform. konvergent. konfus.	
8. Es hilft nichts, nur ein	Synthese Symposium Symptom	zu bekämpfen, man muss die Ursache der Krankheit finden.
9. Alle WM-Teilnehmer sind in bester	physischer parabolischer polemischer	Verfassung und hoffen auf gute Leistungen.
10. Der Angeklagte hat unterschlagenes Geld auf ein Konto in der Schweiz	transformiert. transferiert. transpiriert.	

2 Bilde einen sinnvollen Satz mit je einem der beiden Wörter, die nicht in die Sätze passen. Verwende das Wörterbuch, um die Bedeutung der Wörter zu klären, und notiere dir die deutsche Entsprechung auf dem Arbeitsblatt.

Margit Dietz | 45 Vertretungsstunden Deutsch | 978-3-589-23247-5

40 Arbeitstechnik Exzerpieren: Ein Sachtext

Ziel / Leitidee	einen Text verstehen, ihm gezielt Informationen entnehmen
Klassenstufe	9 / 10
Vorbereitung / Material	Kopiervorlage in Klassenstärke / Tafel, Kreide; Schülerhefte oder Notizpapier
Sozialform	gesamte Klasse, Einzelarbeit
Kompetenzbereich	Lesen – mit Texten umgehen

Hinführung Die Schüler erhalten die Kopiervorlage. Die Lehrkraft schreibt folgende **Aufgabe** an die Tafel. Weitere unbekannte Wörter können zudem geklärt werden.

> *Lies den Text durch und finde Fremdwörter mit diesen Bedeutungen (in der angegebenen Reihenfolge): Erscheinung – Neigung – Krankheitsbild – untätig – umfassend, vielfältig – eine starke seelische Erschütterung bewirkend – stark, heftig – Anzeichen – dauerhaft – sehr empfindsam, sehr feinfühlig – Einzigartigkeit – (medizinische) Behandlung – seelisch.*

Hauptphase / Ergebnissicherung

- Der Text wird abschnittsweise laut vorgelesen. Im **Unterrichtsgespräch** werden je Absatz die **Schlüsselwörter markiert**: *Welche Wörter sind in den Absätzen die zentralen Begriffe?*
- In Stillarbeit erledigen die Schüler die Aufgabe, absatzweise die **wichtigsten Informationen** zu diesen Schlüsselwörtern zu **markieren**. Sie haben dafür etwa acht Minuten Zeit. Anschließend werden die Ergebnisse im Plenum gesammelt.

Tipp: Unter Umständen muss man die Schüler darauf hinweisen, dass sie pro Absatz nur etwa ein Drittel des Textes markieren dürfen, damit eine Raffung der Inhalte stattfindet.

- Im Anschluss daran erhalten die Schüler folgenden **Arbeitsauftrag**: *Gib die zentralen Textstellen stichpunktartig in eigenen Worten wieder. Zeit: acht Minuten.*

Dazu bietet sich ein arbeitsteiliges Verfahren an: Man unterteilt die Klasse in drei Gruppen, jede ist für zwei Abschnitte des Textes zuständig (Zeilen 1–16, 17–29, 30–41). Die Aufgabe wird schriftlich erledigt und im Klassenverband besprochen.

Mögliche Anschlussaktivitäten **„Heißer Stuhl"** für eine(n) Ex-Betroffene(n): Ein Schüler stellt sich für ein Interview zur Verfügung, die Mitschüler befragen ihn zu seinem Problem und dessen Lösung.

Alternativen Die Hinführung sowie die ersten beiden Arbeitsschritte der Hauptphase kann man mit den Schülern in knapp 30 Minuten schaffen.

Name: Klasse: Datum:

Großes Chaos in der Wohnung

Am Ende steht das unfassbare Chaos. Wohnungen voll von Gerümpel, aufgebrachte Vermieter und Nachbarn, Zwangsräumungen. Dahinter verbirgt sich ein bisher kaum erforschtes Phänomen.

„Der Begriff Vermüllung ist nicht richtig", erklärt der Pädagoge W. von Wedel. „Denn das, was wir sehen, ist kein Müll – diese Dinge erfüllen für die Betroffenen bestimmte Funktionen." Mit Dingen meint von Wedel alles Mögliche: Verpackungen, Zeitungsreklame, Lebensmittel, Kabel und Elektrogeräte, Nussschalen, Stifte und im Extremfall Kot und Urin. Mit Betroffenen meint von Wedel Menschen mit der Tendenz zur Verwahrlosung, Sammelzwang und Messie-Syndrom.

Sie alle haben gemeinsam, dass in ihrem Zuhause eine scheinbare Unordnung herrscht, die Außenstehenden unerträglich vorkommt. Dennoch gibt es Unterschiede. Anders als die sogenannten passiven Sammler, die Dinge ohne erkennbares System horten, pflegen und behüten „aktive" Sammler und Menschen mit Messie-Syndrom ihren Besitz, mag er für andere noch so wert- und nutzlos sein. Befrage man die Betroffenen, warum sie etwas aufbewahrten, seien die Antworten oft ähnlich. Manche Dinge hätten einen Erinnerungswert, andere könnten für einen Bekannten nützlich sein oder würden für einen späteren Zeitpunkt aufbewahrt. Die eigentlichen Ursachen sind komplex und liegen tiefer. „Traumatische Erlebnisse, unbewusste Ängste oder massive Überforderung können eine große Rolle spielen", sagt Marianne Bönigk-Schultz, die selbst unter dem Messie-Syndrom litt.

Das äußere Chaos wird zum Ausdruck des inneren Zustandes. Der Begriff Messie, abgeleitet aus dem englischen Wort für unordentlich, schlampig und schmutzig, bezeichnet daher nur ein Symptom einer Vielzahl von Problemen, z. B. dass Messies in ihrem eigenen Zuhause einfache Routinetätigkeiten nicht ausführen können. Es gelingt ihnen nicht, zu entscheiden, was weggeworfen werden kann und was nicht. Sie haben zudem Konzentrationsschwierigkeiten, fühlen sich fremdbestimmt und chronisch überfordert. Gleichzeitig leiden sie unter einem geringen Selbstvertrauen.

Ursache und Wirkung zugleich ist die fehlende Einbindung in ein soziales Netzwerk. Statt zu Personen werden Bindungen zu Dingen aufgebaut. Dennoch seien Messies „hochsensibel für andere und fühlen sich verantwortlich für alles Mögliche – dabei nehmen sie sich selbst nicht wahr", so Bönigk-Schultz. Zu diesem Widerspruch passt das Phänomen, dass „Messies" beruflich durchaus erfolgreich sein können und Organisationsfähigkeiten besitzen. Nur zu Hause sind diese Fähigkeiten blockiert.

Seitdem der Begriff Messie-Syndrom in den 80er-Jahren in den USA geprägt wurde, gibt es nur wenige wissenschaftliche Erkenntnisse darüber. Deswegen und wegen der Individualität eines jeden Falles existiert weder eine einheitliche Therapie, noch ist das Messie-Syndrom als eigenständige psychische Erkrankung anerkannt. Fachleute schätzen, dass deutschlandweit etwa 1,8 Millionen Menschen betroffen sind. Das bloße Aufräumen der Wohnung und damit das Zerstören der vertrauten Umgebung sei jedenfalls keine Lösung, dem Problem dauerhaft zu begegnen. Vielmehr stürze es die Betroffenen „in eine massive psychische Krise", so von Wedel. Stattdessen müssten sie „mitbekommen, dass es ihre Denkart ist, die sie in ihrer Situation gefangen hält. Messies denken immer, dass ihr Leben schwieriger ist als das der anderen. Ihre Selbstwahrnehmung unterscheidet sich von der normal Fühlender", beschreibt Bönigk-Schultz. Eine Therapie müsse dem Betroffenen daher zuerst das Gefühl geben, dass er vom Chaos nicht überwältigt werde. Am Anfang gehe es deswegen darum, das Chaos fassbar zu machen.

(von Anna Böhm, aus: Nürnberger Nachrichten, 14.10.2010, S. 16; gekürzt und leicht bearbeitet)

Margit Diez | 45 Vertretungsstunden Deutsch | 978-3-589-23247-5

Name: Klasse: Datum:

Großes Chaos in der Wohnung – Lösungsvorschlag

Fremdwörter: Phänomen (Vorspann) – Tendenz (5) – Syndrom (6) – passiv (9) – komplex (14) – traumatisch (14) – massiv (15) – Symptom (19) – chronisch (22) – hochsensibel (25) – Individualität (31) – Therapie (32) – psychisch (33)

Schlüsselwörter: 1–6 Müll, Betroffenen; 7–16 Unterschiede, warum, Ursachen; 17–23 Problemen; 24–29 Netzwerk, beruflich; 30–36 Erkenntnisse, Therapie, Lösung; 37–41 Selbstwahrnehmung

Zentrale Informationen Abschnitt für Abschnitt

1–6: das, was wir sehen, ist kein Müll; Dinge erfüllen für die Betroffenen bestimmte Funktionen; Betroffene = Tendenz zur Verwahrlosung, Sammelzwang und Messie-Syndrom.

7–16: Unterschiede: passive Sammler → Dinge ohne erkennbares System horten, aktive Sammler und Menschen mit Messie-Syndrom → pflegen und behüten ihren Besitz; warum: Erinnerungswert, für einen Bekannten nützlich, für einen späteren Zeitpunkt; Ursachen: traumatische Erlebnisse, unbewusste Ängste, Überforderung

17–23: Messie = Symptom einer Vielzahl von Eigenschaften: zu Hause einfache Routinetätigkeiten nicht ausführen können, Konzentrationsschwierigkeiten, fremdbestimmt, überfordert, geringes Selbstvertrauen

24–29: fehlende Einbindung in ein soziales Netzwerk, Bindungen zu Dingen; dennoch: hochsensibel für andere, fühlen sich verantwortlich, nehmen sich selbst nicht wahr; beruflich: durchaus erfolgreich, Organisationsfähigkeiten

30–36: nur wenige wissenschaftliche Erkenntnisse, weder einheitliche Therapie noch als eigenständige psychische Erkrankung anerkannt; Aufräumen der Wohnung und damit Zerstören der vertrauten Umgebung keine Lösung

37–41: Selbstwahrnehmung unterscheidet sich von der normal Fühlender; Therapie müsse dem Betroffenen das Gefühl geben, dass er vom Chaos nicht überwältigt werde

Wiedergabe in eigenen Worten

1–6: was Betroffene anhäufen, ist kein Abfall, sondern erscheint ihnen nützlich; Betroffene neigen zur Verwahrlosung, sammeln zwanghaft, leiden am Messie-Syndrom.

7–16: man unterscheidet Betroffene, die planlos Gegenstände anhäufen und solche, die das Gesammelte sortieren; aber vergleichbare Gründe dafür: dient als Erinnerung, wird eventuell von einem Bekannten oder später einmal gebraucht; wahre Ursachen: erschütternde Erlebnisse, unbewusste Ängste, Überforderung

17–23: Messie: bezeichnet nur eines von mehreren Problemen der Betroffenen, z. B. Nützliches von Wertlosem zu unterscheiden; dazu kommen mangelnde Konzentration, Gefühle fehlender Selbstbestimmung, Überforderung, kaum Selbstbewusstsein

24–29: kaum zwischenmenschliche Beziehungen, stattdessen: Gegenstände im Mittelpunkt; aber: einfühlsame Menschen mit Verantwortungsbewusstsein, die ihre eigenen Bedürfnisse vernachlässigen; im Berufsleben: häufig keineswegs erfolglos und chaotisch

30–36: Problem kaum erforscht, keine anerkannte Behandlungsmethode, gilt bisher nicht als Krankheit; aber man weiß: Beseitigen der Unordnung in der Wohnung kein sinnvoller Lösungsansatz, würde zunächst eher verunsichern

37–41: Betroffene sehen sich als besonders unter Druck, ihre Umwelt als besonders belastend; Behandlung muss daher zeigen, wie man das uns umgebende alltägliche Chaos beherrschen lernt

Margit Dietz | 45 Vertretungsstunden Deutsch | 978-3-589-23247-5

Sachtexte verstehen: Was im Gesetz steht

41

Ziel/Leitidee	Texte verstehen und adressatengerecht umformulieren
Klassenstufe	9/10
Vorbereitung/Material	Kopiervorlage in Klassenstärke/Tafel, Kreide; Schülerhefte oder Notizpapier
Sozialform	gesamte Klasse, Partnerarbeit
Kompetenzbereich	Lesen – mit Texten umgehen, Schreiben

Hinführung Die Schüler erhalten das Textblatt mit Auszügen aus dem Strafgesetzbuch. Die Lehrkraft liest die Gesetzestexte möglichst zügig vor. Anschließend wird mit der Klasse thematisiert, was die Gründe für die schwere **Verständlichkeit der Texte** sind:

- ungewöhnlicher Wortschatz (*Inverkehrbringen, feilhält*),
- lange, komplexe Sätze,
- mitunter sperriger Nominalstil (*Brandlegung, Inverkehrbringung*).

Hauptphase Die Schüler erhalten folgenden **Arbeitsauftrag**: *Wähle zusammen mit deinem Banknachbarn einen der Gesetzestexte aus. Formuliert ihn anschließend so um, dass er allgemein verständlich ist, ohne dass dabei der Sinn verfälscht wird. Arbeitszeit: 15 Minuten.*

Tipp: Wer sicherstellen möchte, dass alle vier Texte bearbeitet werden, teilt die Klasse in vier Gruppen ein, von denen jede für einen Text zuständig ist.

Ergebnissicherung Nach dem Ende der Arbeitszeit werden die Ergebnisse bewertet: Je Paragraph werden zwei Schüler, die diesen Text nicht bearbeitet haben, als **Jury** ausgewählt. Einige Beispiele werden vorgelesen und die Experten geben zu jeder Version ein **begründetes Urteil** ab.

Mögliche Anschlussaktivitäten Nach der inhaltlichen Klärung kann man eine kurze **Diskussion** anschließen: *Welches Strafmaß erscheint auf Anhieb zu hoch oder zu niedrig? Warum?*

Alternativen

- Man kann nur einen der Gesetzestexte von der gesamten Klasse bearbeiten lassen und anschließend eine Musterlösung (mit Tafelanschrift) erstellen.
- Anstelle der schriftlichen Bearbeitung kann man auch eine **Dialogübung** durchführen lassen: Zu jedem Paragraphen werden zwei bis drei Schüler als Experten eingeteilt, die sich den Inhalt des Textes klarmachen sollen. Der Rest der Klasse soll zu den einzelnen Paragraphen gezielte Fragen vorbereiten, z. B.: *Handelt es sich um schwere Brandstiftung, wenn nachts in einem menschenleeren Kaufhaus Feuer gelegt wird? Warum (nicht)?* Nach einer etwa zehnminütigen Arbeitszeit wird auf diese Weise jeder Paragraph im Detail geklärt und erläutert.

Name: Klasse: Datum:

Was im Gesetz steht

StGB § 306a Schwere Brandstiftung

(1) Mit Freiheitsstrafe nicht unter einem Jahr wird bestraft, wer

1. ein Gebäude, ein Schiff, eine Hütte oder eine andere Räumlichkeit, die der Wohnung von Menschen dient,

2. eine Kirche oder ein anderes der Religionsausübung dienendes Gebäude oder

3. eine Räumlichkeit, die zeitweise dem Aufenthalt von Menschen dient, zu einer Zeit, in der Menschen sich dort aufzuhalten pflegen,

in Brand setzt oder durch eine Brandlegung ganz oder teilweise zerstört.

StGB § 142 Unerlaubtes Entfernen vom Unfallort

(1) Ein Unfallbeteiligter, der sich nach einem Unfall im Straßenverkehr vom Unfallort entfernt, bevor er

1. zugunsten der anderen Unfallbeteiligten und der Geschädigten die Feststellung seiner Person, seines Fahrzeugs und der Art seiner Beteiligung durch seine Anwesenheit und durch die Angabe, dass er an dem Unfall beteiligt ist, ermöglicht hat oder

2. eine nach den Umständen angemessene Zeit gewartet hat, ohne dass jemand bereit war, die Feststellungen zu treffen,

wird mit Freiheitsstrafe bis zu drei Jahren oder mit Geldstrafe bestraft.

StGB § 146 Geldfälschung

(1) Mit Freiheitsstrafe nicht unter einem Jahr wird bestraft, wer

1. Geld in der Absicht nachmacht, dass es als echt in Verkehr gebracht oder dass ein solches Inverkehrbringen ermöglicht werde, oder Geld in dieser Absicht so verfälscht, dass der Anschein eines höheren Wertes hervorgerufen wird,

2. falsches Geld in dieser Absicht sich verschafft oder feilhält oder

3. falsches Geld, das er nachgemacht, verfälscht oder sich verschafft hat, als echt in Verkehr bringt.

StGB § 187 Verleumdung

Wer wider besseres Wissen in Beziehung auf einen anderen eine unwahre Tatsache behauptet oder verbreitet, welche denselben verächtlich zu machen oder in der öffentlichen Meinung herabzuwürdigen oder dessen Kredit zu gefährden geeignet ist, wird mit Freiheitsstrafe bis zu zwei Jahren oder mit Geldstrafe und, wenn die Tat öffentlich, in einer Versammlung oder durch Verbreiten von Schriften begangen ist, mit Freiheitsstrafe bis zu fünf Jahren oder mit Geldstrafe bestraft.

Margit Dietz | 45 Vertretungsstunden Deutsch | 978-3-589-23247-5

Name: Klasse: Datum:

Was im Gesetz steht – Lösungsvorschlag

Schwere Brandstiftung

Wer schwere Brandstiftung begeht, wird für mindestens ein Jahr ins Gefängnis geschickt. Um schwere Brandstiftung handelt es sich, wenn man Folgendes anzündet oder durch absichtlich gelegtes Feuer ganz oder teilweise zerstört:

- jede Art von Unterkunft (z. B. Haus, Boot, Hütte), in der Menschen wohnen;
- eine Kirche oder ein anderes religiöses Gebäude;
- einen Raum, in dem sich Menschen zwar nicht dauerhaft aufhalten, wo sie aber regelmäßig und zum Zeitpunkt der Brandstiftung anzutreffen sind.

Unerlaubtes Entfernen vom Unfallort

Wenn man an einem Unfall im Straßenverkehr beteiligt ist, darf man die Unfallstelle nicht verlassen. Man muss zunächst bleiben, damit anderen Personen, die am Unfall beteiligt sind oder zu Schaden gekommen sind, mitgeteilt werden kann, wer man ist, welches Fahrzeug man fährt, dass man und wie man an dem Unfall beteiligt ist.

Wenn zunächst niemand da ist, dem man diese Informationen mitteilen kann, muss man eine Weile warten. Dabei kommt es auf die Umstände an, wie lange dieser Zeitraum dauert.

Wer all dies nicht tut, erhält eine Geldstrafe oder wird höchstens für drei Jahre ins Gefängnis geschickt.

Geldfälschung

Man bekommt eine Gefängnishaft von mindestens einem Jahr, wenn man

- Geldscheine und Münzen nachmacht, sodass man selbst oder jemand anders sie statt echtem Geld in Umlauf bringen kann,
- Geldscheine oder Münzen so verändert, dass sie aussehen, als seien sie mehr wert, um sie anschließend in Umlauf zu bringen,
- sich von anderen gefälschtes Geld besorgt und es bereithält, um es später in Umlauf zu bringen,
- jede Art von Falschgeld als echtes Geld ausgibt und in Umlauf bringt.

Verleumdung

Von Verleumdung spricht man, wenn man über einen anderen Menschen Dinge sagt oder schreibt, die nicht wahr sind und ihm schaden können, sodass andere schlecht von ihm denken oder ihm kein Geld mehr leihen.

Wenn man dies in der Öffentlichkeit oder schriftlich tut, sodass viele Menschen es hören oder lesen können (z. B. bei einer Versammlung, in einer Zeitung oder im Internet), bekommt man eine Geldstrafe oder man muss für höchstens fünf Jahre ins Gefängnis. Ist die Verleumdung nicht öffentlich, kann es eine Geldstrafe geben oder höchstens zwei Jahre Haft.

Margit Dietz | 45 Vertretungsstunden Deutsch | 978-3-589-23247-5

42 Texte lesen und verstehen: Wörter in einem Text ergänzen

Ziel / Leitidee	Textverständnis herstellen, einen Text mit eigenen Ideen ergänzen
Klassenstufe	9/10
Vorbereitung / Material	Kopiervorlage in Klassenstärke / Tafel, Kreide; Schülerhefte oder Notizpapier
Sozialform	gesamte Klasse, Einzelarbeit, Partnerarbeit
Kompetenzbereich	Lesen – mit Texten umgehen, Schreiben, Sprechen

Hinführung An der Tafel werden im **Unterrichtsgespräch Regeln** für einen **guten Vortrag** gesammelt:

- *frei und deutlich sprechen*
- *nicht zu monoton sprechen / abwechslungsreich sprechen*
- *nicht zu leise sprechen*
- *sich den Zuhörern zuwenden*
- *angemessenes Sprechtempo, Pausen an den richtigen Stellen*
- *Mittel der Veranschaulichung einsetzen (Bilder, Textbeispiele, Gegenstände usw.)*
- *klare Gliederung / sinnvoller Aufbau*
- *nicht zu viele Zahlen*
- *angemessene Sprachebene: verständlicher Wortschatz, Satzbau nicht zu komplex*
- *angemessene Länge des Vortrags*
- *beim Thema bleiben*

Hauptphase / Ergebnissicherung

- Die Schüler erhalten die Kopiervorlage. In Stillarbeit erledigen sie den Arbeitsauftrag (Zeit: zehn Minuten). Im Anschluss wird der vollständige Text vorgelesen.
- Daraufhin erledigen die Schüler in Einzel- oder Partnerarbeit eine **schriftliche Aufgabe**: *Ergänze den Text von Kurt Tucholsky um zwei oder drei weitere „Ratschläge für einen schlechten Redner". Du kannst sie aus den Regeln für einen guten Vortrag ableiten. Achte auch auf eine angemessene sprachliche Gestaltung. Zeit: zehn Minuten.*

Die Ergebnisse werden anschließend vorgelesen und von Klasse und Lehrkraft beurteilt.

Mögliche Anschlussaktivitäten

- Man kann mit der Klasse die besten Vorschläge auswählen und sie an passenden Stellen in den Originaltext einbauen lassen. Der so entstandene neue Text wird vorgelesen.
- **Definition von „Satire"** [Kunstgattung (z. B. Literatur, Film), die durch Übertreibung, Ironie und Spott an Personen oder Zuständen Kritik übt, sie anprangert und mit scharfem Witz tadelt (nach: *Duden – Das Fremdwörterbuch*)].

Alternativen Ohne die schriftliche Aufgabe ist die Einheit in etwa 25 Minuten zu bewältigen und eignet sich für eine Teilstunde.

Name: Klasse: Datum:

Kurt Tucholsky: *Ratschläge für einen schlechten Redner*

Fang nie mit dem an, sondern immer drei Meilen *vor* dem Anfang! Etwa so: „Meine Damen und Herren! Bevor ich zum des heutigen Abends komme, lassen Sie mich Ihnen kurz ...“ *Hier* hast du schon so ziemlich alles, was einen schönen Anfang ausmacht: eine steife; der Anfang vor dem Anfang; die Ankündigung, dass und was du zu beabsichtigst, und das Wörtchen kurz. So gewinnst du im Nu die Herzen und die der Zuhörer.

Denn das hat der Zuhörer gern: dass er deine Rede wie ein Schulpensum aufbekommt; dass du mit dem drohst, was du sagen wirst, sagst und schon gesagt hast. Immer schön! Sprich nicht – das macht einen so unruhigen Eindruck. Am besten ist es: Du liest deine Rede ab. Das ist sicher, zuverlässig, auch freut es jedermann, wenn der lesende nach jedem viertel hochblickt, ob auch noch alle da sind.

Kümmere dich nicht darum, ob die Wellen, die von dir ins laufen, auch zurückkommen – das sind Kinkerlitzchen. Sprich unbekümmert um die, um die Leute, um die Luft im Saale; immer sprich, mein Guter. Gott wird es dir lohnen.

Du musst alles in die legen. Sag: „Die Steuern sind zu hoch.“ Das ist zu einfach. Sag: „Ich möchte zu dem, was ich soeben gesagt habe, noch kurz, dass mir die Steuern bei Weitem ...“ So heißt das!

Trink den Leuten ab und zu ein Wasser vor – man sieht das gern.

Wenn du einen Witz machst, lach, damit man weiß, wo die Pointe ist.

Zu dem, was ich soeben über die der Rede gesagt habe, möchte ich noch kurz bemerken, dass viel eine Rede immer sehr hebt. Das beruhigt ungemein, und da jeder imstande ist, zehn verschiedene mühelos zu behalten, so macht das viel Spaß.

Kündige den Schluss deiner Rede vorher an, damit die Hörer vor Freude nicht einen Schlaganfall bekommen. Kündige den Schluss an, und dann deine Rede von vorn und rede noch eine halbe Stunde. Dies kann man mehrere Male wiederholen.

Sprich nie unter anderthalb, sonst lohnt es gar nicht erst anzufangen.

Wenn einer spricht, müssen die andern – das ist deine Gelegenheit. Missbrauche sie.

(Text gekürzt aus: Tucholsky, Kurt (1960): Gesammelte Werke Bd. III. Rowohlt: Reinbek bei Hamburg. S. 600.)

Die folgenden Wörter fehlen im Text. Setze sie an der richtigen Stelle wieder ein.

Anfang – Anrede – beginne – bemerken – frei – Glas – lange – Nebensätze – nie – Ohren – Publikum – Redner – Satz – schweres – sprechen – Statistik – Stunden – Technik – Thema – umständlich – vorher – Wirkung – Zahlen – zuhören

Margit Dietz | 45 Vertretungsstunden Deutsch | 978-3-589-23247-5

Name: Klasse: Datum:

Kurt Tucholsky: *Ratschläge für einen schlechten Redner* – Lösung

Fang nie mit dem **Anfang** an, sondern immer drei Meilen *vor* dem Anfang! Etwa so: „Meine Damen und Herren! Bevor ich zum **Thema** des heutigen Abends komme, lassen Sie mich Ihnen kurz ...“ *Hier* hast du schon so ziemlich alles, was einen schönen Anfang ausmacht: eine steife **Anrede**; der Anfang vor dem Anfang; die Ankündigung, dass und was du zu **sprechen** beabsichtigst, und das Wörtchen kurz. So gewinnst du im Nu die Herzen und die **Ohren** der Zuhörer.

Denn das hat der Zuhörer gern: dass er deine Rede wie ein **schweres** Schulpensum aufbekommt; dass du mit dem drohst, was du sagen wirst, sagst und schon gesagt hast. Immer schön **umständlich**! Sprich nicht **frei** – das macht einen so unruhigen Eindruck. Am besten ist es: Du liest deine Rede ab. Das ist sicher, zuverlässig, auch freut es jedermann, wenn der lesende **Redner** nach jedem viertel **Satz** hochblickt, ob auch noch alle da sind.

Kümmere dich nicht darum, ob die Wellen, die von dir ins **Publikum** laufen, auch zurückkommen – das sind Kinkerlitzchen. Sprich unbekümmert um die **Wirkung**, um die Leute, um die Luft im Saale; immer sprich, mein Guter. Gott wird es dir lohnen.

Du musst alles in die **Nebensätze** legen. Sag **nie**: „Die Steuern sind zu hoch.“ Das ist zu einfach. Sag: „Ich möchte zu dem, was ich soeben gesagt habe, noch kurz **bemerken**, dass mir die Steuern bei Weitem ...“ So heißt das!

Trink den Leuten ab und zu ein **Glas** Wasser vor – man sieht das gern.

Wenn du einen Witz machst, lach **vorher**, damit man weiß, wo die Pointe ist.

Zu dem, was ich soeben über die **Technik** der Rede gesagt habe, möchte ich noch kurz bemerken, dass viel **Statistik** eine Rede immer sehr hebt. Das beruhigt ungemein, und da jeder imstande ist, zehn verschiedene **Zahlen** mühelos zu behalten, so macht das viel Spaß.

Kündige den Schluss deiner Rede **lange** vorher an, damit die Hörer vor Freude nicht einen Schlaganfall bekommen. Kündige den Schluss an, und dann **beginne** deine Rede von vorn und rede noch eine halbe Stunde. Dies kann man mehrere Male wiederholen.

Sprich nie unter anderthalb **Stunden**, sonst lohnt es gar nicht erst anzufangen.

Wenn einer spricht, müssen die andern **zuhören** – das ist deine Gelegenheit. Missbrauche sie.

(Text gekürzt aus: Tucholsky, Kurt (1960): Gesammelte Werke Bd. III. Rowohlt: Reinbek bei Hamburg. S. 600.)

Margit Dietz | 45 Vertretungsstunden Deutsch | 978-3-589-23247-5

Eine Dramenszene rekonstruieren

43

Ziel / Leitidee	Äußerungen in einem Dialog in die richtige Reihenfolge bringen, Textverständnis herstellen, sinnentnehmend vorlesen
Klassenstufe	9 / 10
Vorbereitung / Material	Kopiervorlage in Klassenstärke / Tafel, Kreide; Schülerhefte oder Notizpapier
Sozialform	gesamte Klasse, Einzelarbeit, Partnerarbeit
Kompetenzbereich	Lesen – mit Texten umgehen, Sprechen und Zuhören

Hinführung Zu Beginn werden im **Unterrichtsgespräch Grundbegriffe des Dramas** wiederholt: Akt – Szene – Dialog – Monolog – Exposition – Konflikt – Regieanweisung – Requisiten.

Hauptphase

- Die Schüler erhalten die Kopiervorlage. Sie lesen die kurze Einführung zu Henrik Ibsens Drama *Gespenster* und den Inhalt der beiden Spalten still durch. Nur die ersten beiden Redebeiträge stehen an der richtigen Stelle, alle anderen sind durcheinander angeordnet.
- In Partnerarbeit gehen die Schüler die Äußerungen durch und stellen die **richtige Reihenfolge der Redebeiträge** wieder her, indem sie die Nummern davorschreiben. Den Rest der Arbeitszeit verbringen sie damit, einen **Vortrag** der Szene zu gestalten. Dazu können sie sich Notizen auf der Kopiervorlage machen. Arbeitszeit: 12 bis 15 Minuten.

Ergebnissicherung Nach dem Ende der Arbeitszeit werden zunächst die „Platzziffern" abgeglichen. Mit einigen Fragen überprüft die Lehrkraft das **Textverständnis**:

- *Wie reagiert Regine auf den Besuch ihres Vaters? Wie verhält sie sich ihm gegenüber im weiteren Verlauf des Gesprächs?* [ungehalten, unwillig, empfindet ihn als Störung, schämt sich seiner vermutlich, will ihn schnellstmöglich wieder loswerden]
- *Was erfahren wir über Tischler Engstrand? Was plant er?* [trinkt öfter, arbeitet viel, will nach Abschluss eines Auftrags nach Hause fahren und Regine mitnehmen]
- *Was hält Regine von diesem Vorhaben?* [entsetzt, weigert sich mitzukommen]

Anschließend **lesen** mehrere Teams den **Dialog vor**. Mitschüler und Lehrkraft bewerten die Qualität des Vortrags und machen gegebenenfalls Verbesserungsvorschläge.

Mögliche Anschlussaktivitäten Die Schüler **setzen den Dialog** mit vier bis sechs weiteren Äußerungen realistisch **fort** (fünf bis acht Minuten). Es gibt zwei Möglichkeiten: Regine und Engstrand beenden das Gespräch allein oder eine weitere Person kommt dazu. Die Lösungen werden vorgelesen und diskutiert.

Alternativen Man kann auf die Einübung des mündlichen Vortrags verzichten. Die Arbeitszeit reduziert sich in diesem Fall um die Hälfte, der korrekte Dialog wird nur einmal laut vorgelesen.

Name: Klasse: Datum:

Henrik Ibsen: *Gespenster* (1. Akt, 1. Szene)

Norwegen, um 1870: Regine Engstrand arbeitet als Dienstmädchen bei Familie Alving. Unerwartet sucht ihr Vater sie an ihrem Arbeitsplatz auf: Tischler Engstrand steht hinten im Wintergarten an der Tür zum Garten. Sein linkes Bein ist ein wenig krumm und verkürzt; unter der Stiefelsohle hat er einen Holzklotz. Regine will ihm den Zutritt verwehren.

Regine	Tischler Engstrand
1. *(mit gedämpfter Stimme)* Was willst du denn hier? Bleib stehen, wo du stehst. Du triefst ja vor Nässe.	2. Das ist unserm Herrgott sein Regen, mein Kind.
___ Daraus wird nichts. Niemals!	___ Aber worüber ich mit dir reden wollte – heut' Abend, da fahr ich nu' also wieder nach Hause.
___ Dem Teufel sein Regen ist das.	___ Denn wir Menschen sind nu' mal schwach und anfällig, mein Kind –
___ Ja, das sind wir wohl.	___ Der schläft noch? Jetzt mitten am Tag?
___ Jaja; und jetzt mach, dass du weiterkommst. Ich möchte nicht, dass dich jemand hier sieht.	___ Doch, mein Kind. Ich möchte, dass du mit mir nach Hause kommst.
___ Kann ich mir vorstellen.	___ Herrje, wie du bloß redest, Regine. *(Kommt humpelnd ein paar Schritte ins Zimmer herein.)* Aber was ich dir sagen wollte –
___ Mach keinen solchen Krach mit deinem Bein! Der junge Herr liegt oben und schläft!	___ Hm – ich hab zwar gestern Abend einen auf die Lampe gegossen –
___ Mir recht; je eher, desto besser.	___ Ja, aber ich will dich mitnehmen, Regine.
___ Was geht dich das an?	___ Oh, das werden wir schon noch sehn.
___ *(mit offenem Mund)* Was willst du? Ich höre wohl nicht recht!	___ *(noch ein paar Schritte näher kommend)* O nein, mein Kind – ich geh nicht eher, als bis ich mit dir geredet hab. Heut Nachmittag werd ich fertig mit der Arbeit da unten im Schulhaus, und ich fahre noch heute Nacht mit dem Dampfschiff zurück in die Stadt.
___ *(brummt verdrossen)* Wünsche gute Reise!	___ – und, siehst du, es gibt so viele Anfechtungen hier auf dieser Welt; trotzdem aber stand ich heute früh halb sechs wieder an meiner Arbeit.

(Text leicht bearbeitet und gekürzt aus: Henrik Ibsen: Gespenster: Reclam Verlag: Stuttgart, 1968. S. 4–6.)

Name: Klasse: Datum:

Henrik Ibsen: *Gespenster* (1. Akt, 1. Szene) – Lösung

Norwegen um 1870: Regine Engstrand arbeitet als Dienstmädchen bei Familie Alving. Unerwartet sucht ihr Vater sie an ihrem Arbeitsplatz auf: Tischler Engstrand steht hinten im Wintergarten an der Tür zum Garten. Sein linkes Bein ist ein wenig krumm und verkürzt; unter der Stiefelsohle hat er einen Holzklotz. Regine will ihm den Zutritt verwehren.

Regine	Tischler Engstrand
1. *(mit gedämpfter Stimme)* Was willst du denn hier? Bleib stehen, wo du stehst. Du triefst ja vor Nässe.	2. Das ist unserm Herrgott sein Regen, mein Kind.
3. Dem Teufel sein Regen ist das.	4. Herrje, wie du bloß redest, Regine. *(Kommt humpelnd ein paar Schritte ins Zimmer herein.)* Aber was ich dir sagen wollte –
5. Mach keinen solchen Krach mit deinem Bein! Der junge Herr liegt oben und schläft!	6. Der schläft noch? Jetzt mitten am Tag?
7. Was geht dich das an?	8. Hm – ich hab zwar gestern Abend einen auf die Lampe gegossen –
9. Kann ich mir vorstellen.	10. Denn wir Menschen sind nu' mal schwach und anfällig, mein Kind –
11. Ja, das sind wir wohl.	12. – und, siehst du, es gibt so viele Anfechtungen hier auf dieser Welt; trotzdem aber stand ich heute früh halb sechs wieder an meiner Arbeit.
13. Jaja; und jetzt mach, dass du weiterkommst. Ich möchte nicht, dass dich jemand hier sieht.	14. *(noch ein paar Schritte näher kommend)* O nein, mein Kind – ich geh nicht eher, als bis ich mit dir geredet hab. Heut Nachmittag werd ich fertig mit der Arbeit da unten im Schulhaus, und ich fahre noch heute Nacht mit dem Dampfschiff zurück in die Stadt.
15. *(brummt verdrossen)* Wünsche gute Reise!	16. Aber worüber ich mit dir reden wollte – heut' Abend, da fahr ich nu' also wieder nach Hause.
17. Mir recht; je eher, desto besser.	18. Ja, aber ich will dich mitnehmen, Regine.
19. *(mit offenem Mund)* Was willst du? Ich höre wohl nicht recht!	20. Doch, mein Kind. Ich möchte, dass du mit mir nach Hause kommst.
21. Daraus wird nichts. Niemals!	22. Oh, das werden wir schon noch sehn.

(Text leicht bearbeitet und gekürzt aus: Henrik Ibsen: Gespenster: Reclam Verlag: Stuttgart, 1968. S. 4–6.)

44 In einem literarischen Text die wörtliche Rede ergänzen

Ziel / Leitidee	Textverständnis herstellen, gestalterisch mit einem Text umgehen
Klassenstufe	9 / 10
Vorbereitung / Material	beide Kopiervorlagen in Klassenstärke
Sozialform	gesamte Klasse, Partnerarbeit
Kompetenzbereich	Lesen – mit Texten umgehen, Schreiben

Hinführung Kurzes **Unterrichtsgespräch** zur Frage: *Was erwartet ihr als Leser von einer Erzählung mit dem Titel „Eine Nacht im Jägerhause"?*

Hauptphase Der (gekürzte und leicht bearbeitete) Anfang der Erzählung *Eine Nacht im Jägerhause* von Friedrich Hebbel wird an die Schüler verteilt (Kopiervorlage). Bis auf wenige Ausnahmen fehlt im Text die wörtliche Rede. Die Schüler werden aufgefordert, den Lückentext still zu lesen.
Im Unterrichtsgespräch werden anschließend die wichtigsten **Aspekte** zu den **Figuren** und dem **Ort** der Handlung **geklärt**:

- *Wo spielt die Geschichte? Welche Informationen erhalten wir über den Ort?* [einsam gelegenes Haus, in schlechtem Zustand, schlecht beleuchtet, von großem Hund bewacht]
- *Was erfahren wir über die Personen der Handlung?* [die Alte: unfreundlich, wortkarg; Jäger: wirkt listig und verschlagen, aufdringlich, bewaffnet, unfreundlich]

In **Partnerarbeit** erledigen die Schüler daraufhin den Arbeitsauftrag.

Ergebnissicherung Nach Beendigung der Arbeitszeit werden einzelne **Ergebnisse** vorgestellt und im Klassenverband **diskutiert**: Was ist gut gelungen? Welche Redebeiträge sind stilistisch oder inhaltlich unpassend? Warum?

Mögliche Anschlussaktivitäten

- Die Schüler erhalten nochmals einige Minuten Arbeitszeit, um ihre **Textversion** zu **überarbeiten** und Unebenheiten zu glätten. Es folgt eine weitere Vorleserunde.
- Man lässt die Schüler darüber **spekulieren**, wie **es weitergehen** und was sich hinter dem sonderbaren Verhalten des Jägers verbergen **könnte.**
- Die Lehrkraft liest den (gekürzten und leicht bearbeiteten) **Originaltext** vor.

[…] „Ich denke", begann Adolph nach vollbrachter Musterung, „wir nehmen unser Quartier lieber unter einem Busch als in dieser Höhle. Es sieht ja ganz verflucht darin aus." Bevor Otto etwas erwidern konnte, erscholl hinter beiden ein scharfes „Guten Abend!" und eine Mannsgestalt wurde in dem schwachen Lichtschimmer, der durchs Fenster drang, sichtbar; kurz, gedrungen, mit Augen, die verschlagen und listig von dem einen zum anderen wanderten, den Jägerhut tief in die Stirn hinabgedrückt. „Sie

haben sich ohne Zweifel verirrt", fuhr der Unbekannte fort, „und suchen eine Unterkunft für die Nacht. Danken Sie dem Himmel, dass ich gerade von meinem Streifzug zurückkehre, meine alte Mutter hätte Sie nicht aufgenommen. Wenn Sie vorlieb nehmen wollen, so folgen Sie mir; etwas besser, als hier draußen, werden Sie's in der Bodenkammer finden, die ich Ihnen einräumen kann. Bier und Brot steht zu Diensten, und eine Streu zum Schlafen lässt sich aufschütten!"
Der Hund schlug an, und die Alte stand auf und schleppte sich mit schweren Schritten zum Fenster. „Ich bin's!", rief der Jäger. „Du, mein Sohn?", erwiderte sie in näselndem Ton und öffnete langsam die von innen verschlossene Tür. „Nur immer herein!", sagte der Jäger mit zudringlicher Höflichkeit zu den Freunden. Sie folgten seiner Einladung, nicht ohne Widerwillen, Otto zuerst. Sobald sie die Schwelle überschritten hatten, schloss der Jäger mit sonderbarer Hastigkeit die Tür hinter ihnen ab, während die Alte, ihre Brille zurechtrückend, sie unfreundlich betrachtete. Die Alte ging, einen seltsamen Blick auf die späten Gäste werfend, hinaus und kehrte bald darauf mit Bier, Brot und Käse zurück. Hungrig, wie sie waren, ließen die Freunde es sich schmecken; mittlerweile nahm der Jäger die über dem Ofen hängenden Pistolen herab, lud sie und steckte sie zu sich. Stillschweigend ergriff er nun die Lampe und führte die Freunde eine Leiter hinauf in eine alte Bodenkammer hinein, wo sie bereits ein Strohlager vorfanden. Mit einem kurzen „Gute Nacht!" wollte er sich jetzt wieder mit der Lampe entfernen; beide erklärten ihm aber gleichzeitig ihren Wunsch, mit Licht versehen zu werden. „Mit Licht?", fragte er verwundert. „Es tut mir leid, aber sie werden bei mir schlafen müssen, wie man im Grabe schläft, nämlich im Dunkeln. Meine Mutter hat selten eine Kerze im Hause, und der Lampe bedürfen wir selbst, um – um" – „Um?", fragte Otto, da er stockte. „Um den Abendsegen zu lesen, natürlich", versetzte er, „nur die Gelehrten wissen ihn auswendig. Doch, wer weiß, vielleicht ist das Glück günstig, und wenn sich nur ein Stümpfchen Licht auftreiben lässt, so bringe ich Ihnen die Lampe wieder herauf."
Der Jäger ging und ließ die Freunde im Dunkeln. „Was meinst du?", sagte Otto zu Adolph. „Wir werden entweder gar nicht oder sehr lange schlafen!", versetzte dieser ernst. „Ist dort nicht ein Fenster im Dach?", fragte Otto. „So scheint's", erwiderte Adolph, „ich will doch untersuchen, ob man es öffnen kann." Er tappte zum Fenster und bemühte sich, es aufzumachen. In demselben Augenblick trat der Jäger wieder mit der Lampe ein. Mit finstrem Gesicht rief er Adolph zu: „Das Fenster hat die Klinke nur zum Staat, es ist von außen vernagelt." Der Jäger warf die Tür hinter sich zu, dass die Pfosten bebten und das Fenster krachte. „Harras", rief er draußen, „pass auf!" Der Hund lagerte sich knurrend vor der Tür. [...]

(Aus: Friedrich Hebbel: Werke, hrsg. von Gerhard Fricke, Werner Keller und Karl Pörnbacher, Bd. III. Hanser: München, 1965. S. 374–382.)

Name: Klasse: Datum:

Friedrich Hebbel: *Eine Nacht im Jägerhause*

Ergänze mit einem Partner im Erzähltext die fehlende wörtliche Rede: Was sagen, fragen oder rufen die Personen? Achtet bei euren Ergänzungen darauf, dass sie zum Handlungsverlauf, zu den Figuren und zur Sprache des Textes passen.
Zeitvorgabe: 15 Minuten.

Die beiden Freunde Adolph und Otto haben sich verirrt. Da es schon dunkel ist und da die jungen Männer hungrig sind, suchen sie nach einer Unterkunft für die Nacht.

Währenddessen waren sie an ein einsam gelegenes Haus gelangt. Sie traten unter die Fenster und schauten hinein. Ein weites, ödes Zimmer zeigte sich ihren Blicken; die schlechten Lehmwände hatten ihren ehemaligen Kalkbelag zum Teil verloren, einige Strohstühle standen umher und über dem halb verfallenen Ofen hingen zwei Pistolen. Im Hintergrund saß an einem Tisch ein altes Weib, zahnlos und einäugig, zu ihren Füßen lag ein großer Hund, der sich mit seinen plumpen Pfoten zuweilen kratzte.

„________________________________", begann Adolph nach vollbrachter Musterung, „____
____________." Bevor Otto etwas erwidern konnte, erscholl hinter beiden ein scharfes „Guten Abend!" und eine Mannsgestalt wurde in dem schwachen Lichtschimmer, der durchs Fenster drang, sichtbar; kurz, gedrungen, mit Augen, die verschlagen und listig von dem einen zum anderen wanderten, den Jägerhut tief in die Stirn hinabgedrückt. „________________________________", fuhr der Unbekannte fort, „____
____
____!"

Der Hund schlug an, und die Alte stand auf und schleppte sich mit schweren Schritten zum Fenster. „____!", rief der Jäger. „____?", erwiderte sie in näselndem Ton und öffnete langsam die von innen verschlossene Tür. „____________
________________________________!", sagte der Jäger mit zudringlicher Höflichkeit zu den Freunden. Sie folgten seiner Einladung, nicht ohne Widerwillen, Otto zuerst.

Margit Dietz | 45 Vertretungsstunden Deutsch | 978-3-589-23247-5

Name: Klasse: Datum:

Sobald sie die Schwelle überschritten hatten, schloss der Jäger mit sonderbarer Hastigkeit die Tür hinter ihnen ab, während die Alte, ihre Brille zurechtrückend, sie unfreundlich betrachtete. Die Alte ging, einen seltsamen Blick auf die späten Gäste werfend, hinaus und kehrte bald darauf mit Bier, Brot und Käse zurück. Hungrig, wie sie waren, ließen die Freunde es sich schmecken; mittlerweile nahm der Jäger die über dem Ofen hängenden Pistolen herab, lud sie und steckte sie zu sich. Stillschweigend ergriff er nun die Lampe und führte die Freunde eine Leiter hinauf in eine alte Bodenkammer hinein, wo sie bereits ein Strohlager vorfanden. Mit einem kurzen „Gute Nacht!“ wollte er sich jetzt wieder mit der Lampe entfernen; beide erklärten ihm aber gleichzeitig ihren Wunsch, mit Licht versehen zu werden.

„______________________________?“, fragte er verwundert und fuhr fort: „______________________________

____

______________.“ – „______________________________

______?“, fragte Otto, da er stockte. „______________________________

______________________“, versetzte er, „______________________________

______________________________.“

Der Jäger ging und ließ die Freunde im Dunkeln. „______________________________

______?“, sagte Otto zu Adolph. „______________________________

____

________!“, versetzte dieser ernst. „______________________________

______________________?“, fragte Otto. „______________ ______“, erwiderte Adolph, „______________________.“ Er tappte zum Fenster und bemühte sich, es aufzumachen. In demselben Augenblick trat der Jäger wieder mit der Lampe ein. Mit finstrem Gesicht rief er Adolph zu: „______________________________

______________.“ Der Jäger warf die Tür hinter sich zu, dass die Pfosten bebten und das Fenster krachte. „______________________“, rief er draußen, „______________________!“ Der Hund lagerte sich knurrend vor der Tür. […]

(Aus: Friedrich Hebbel: Werke, hrsg. von Gerhard Fricke, Werner Keller und Karl Pörnbacher, Bd. III. Hanser: München, 1965. S. 374–382.)

Margit Dietz | 45 Vertretungsstunden Deutsch | 978-3-589-23247-5

45 Vom Textausschnitt zum Drehbuch

Ziel / Leitidee	Textverständnis herstellen, gestalterisch mit einem Text umgehen
Klassenstufe	9/10
Vorbereitung / Material	beide Kopiervorlagen in Klassenstärke
Sozialform	gesamte Klasse, Gruppenarbeit
Kompetenzbereich	Lesen – mit Texten umgehen, Schreiben

Hinführung Der (gekürzte und leicht bearbeitete) Anfang der Novelle *Das Fräulein von Scuderi* von E. T. A. Hoffmann wird an die Schüler verteilt und laut vorgelesen. Falls nötig, werden unbekannte Wörter geklärt (*Antlitz, Stilett*). Anschließend überprüft die Lehrkraft mit einer Reihe von W-Fragen das **Textverständnis** der Schüler:

- *Wann trägt sich das Geschehen zu (Jahreszeit, Tageszeit)?* [im Herbst des Jahres 1680, Mitternacht, bewölkte Nacht]
- *Wo spielt die Handlung? Was kennzeichnet diesen Ort?* [Haus einer Adligen, außer der Hausherrin und der Kammerdienerin niemand zu Hause]
- *Wer ist an den Ereignissen beteiligt? Was weiß der Leser über diese Personen?* [la Martiniere, die Kammerdienerin: will ihre Herrin beschützen; der Unbekannte: scheint in Gefahr zu sein, benimmt sich sonderbar: manchmal verängstigt, dann wieder forsch]
- *Was geschieht? Fasst das Geschehen in höchstens drei Handlungsschritten zusammen.* [Unbekannter will die Herrin sprechen und verschafft sich Zutritt zum Haus – wird von der Bediensteten trotz seiner Drohungen und Bitten nicht durchgelassen – übergibt ihr vor seiner Flucht vor der Polizei ein Kästchen für ihre Herrin.]

Hauptphase Die Schüler erhalten die auf der Kopiervorlage abgedruckte Aufgabe für eine arbeitsteilige **Gruppenarbeit**. Einzelne Gruppen übernehmen verschiedene Abschnitte des Textes: Gruppe 1 bis Zeile 16 (*… vorsichtig sein!*"), Gruppe 2 bis Zeile 35 (*… herbei.*), Gruppe 3 bis Zeile 65 (*… aus dem Hause!*"), Gruppe 4 bis Zeile 85 (*… zum Hause hinaus.*).

Tipp: Man sollte die Klasse – je nach Größe – in Gruppen zu drei bis vier Schülern einteilen und einige Textabschnitte doppelt vergeben.

Ergebnissicherung Nach Beendigung der Arbeitszeit werden die Textabschnitte nochmals vorgelesen und die Ideen der Schüler besprochen. Mitglieder anderer Gruppen können sich selbstverständlich auch zu den Ergebnissen äußern.

Alternativen Man kann den Textausschnitt auch (abschnittsweise) in ein **Hörspiel** umsetzen lassen. Die Arbeitsanweisung lautet dann: *Ergänze in der rechten Spalte Regieanweisungen für eine Hörspielfassung dieser Szene: Wie sprechen die Figuren? Welche Geräusche müssen zu hören sein? An welcher Stelle gibt es Hintergrundmusik? Welche?*

Name: Klasse: Datum:

Schreck zu mitternächtlicher Stunde

Ergänze in der rechten Spalte Regieanweisungen für eine Verfilmung dieser Szene: Wie sehen die Figuren aus (Alter, Kleidung usw.)? Wie verhalten sie sich? Wie sieht ihre Mimik und Gestik aus? Wie sprechen sie? Was passiert in der Umgebung (Licht, Geräusche usw.)? An welcher Stelle gibt es Hintergrundmusik? Welche? Was sollte in Großaufnahme zu sehen sein? usw. Zeitvorgabe: 15 Minuten.

Regieanweisungen

Spät um Mitternacht – im Herbste des Jahres 1680 – wurde an das Haus des Fräulein von Scuderi in der Straße St. Honoré hart und heftig angeschlagen, dass es im ganzen Flur laut widerhallte. Des Fräuleins Kammerfrau hörte die wiederholten Schläge und es fiel ihr ein, dass sie mit dem Fräulein ohne weiteren Schutz im Hause war. Unterdessen donnerten die Schläge immerfort, und es war ihr, als rufe eine Stimme dazwischen: „So macht doch nur auf um Christus Willen, so macht doch nur auf!" Endlich in steigender Angst ergriff die Martiniere schnell den Leuchter mit der brennenden Kerze und rannte hinaus auf den Flur; da vernahm sie ganz deutlich die Stimme des Anpochenden: „Um Christus Willen, so macht doch nur auf!" – „In der Tat", dachte die Martiniere, „so spricht doch wohl kein Räuber; wer weiß, ob nicht gar ein Verfolgter Zutritt sucht bei meiner Herrschaft. Aber lasst uns vorsichtig sein!" – Sie öffnete ein Fenster und rief hinab, wer denn da unten in so später Nacht so an der Haustür tobe und alles aus dem Schlafe wecke, indem sie ihrer tiefen Stimme so viel Männliches zu geben sich bemühte als nur möglich. In dem Schimmer der Mondesstrahlen, die eben durch die finstern Wolken brachen, gewahrte sie eine lange, in einen hellgrauen Mantel gewickelte Gestalt, die den breiten Hut tief in die Augen gedrückt hatte. Da sprach es aber mit sanfter, beinahe klagender Stimme von unten herauf: „Macht mir nur getrost auf, befürchtet nichts. Ich muss durchaus mit Eurem Fräulein sprechen, noch in dieser Minute." – „Wo denkt Ihr hin", erwiderte Martiniere, „mein Fräulein wollt Ihr sprechen mitten in der Nacht?" – „Ich beschwöre Euch, habt die Barmherzigkeit und öffnet mir die Türe. Wisst, dass es darauf ankommt, einen Unglücklichen vom Verderben zu retten, wisst, dass das Leben eines Menschen abhängt von diesem Augenblick." Die Martiniere fühlte sich im Innersten bewegt, und ohne sich weiter lange zu besinnen, holte sie die Schlüssel herbei.

Margit Dietz | 45 Vertretungsstunden Deutsch 978-3-589-23247-5

Name:	Klasse:	Datum:

Regieanweisungen

Sowie sie die Türe kaum geöffnet, drängte sich ungestüm die in den Mantel gehüllte Gestalt hinein und rief, an der Martiniere vorbeischreitend in den Flur, mit wilder Stimme: „Führt mich zu Eurem Fräulein!“ Erschrocken hob die Martiniere den Leuchter in die Höhe, und der Kerzenschimmer fiel in ein todbleiches Jünglingsantlitz. Vor Schrecken hätte die Martiniere zu Boden sinken mögen, als nun der Mensch den Mantel auseinanderschlug und der blanke Griff eines Stiletts aus dem Brustlatz hervorragte. Es blitzte der Mensch sie an mit funkelnden Augen und rief noch wilder als zuvor: „Führt mich zu Eurem Fräulein, sage ich Euch!“ Nun sah die Martiniere ihr Fräulein in der dringendsten Gefahr. Sie warf die Türe ihres Gemachs, die sie offen gelassen, schnell zu, trat vor dieselbe und sprach stark und fest: „In der Tat, Euer tolles Betragen hier im Hause passt schlecht zu Euren kläglichen Worten da draußen, die, wie ich nun wohl merke, mein Mitleiden sehr zu unrechter Zeit erweckt haben. Mein Fräulein sollt und werdet Ihr jetzt nicht sprechen. Habt Ihr nichts Böses im Sinn, dürft Ihr den Tag nicht scheuen, so kommt morgen wieder und bringt Eure Sache an. Jetzt schert Euch aus dem Hause!“ Der Mensch stieß einen dumpfen Seufzer aus, blickte die Martiniere starr an mit entsetzlichem Blick und griff nach dem Stilett. Die Martiniere befahl im Stillen ihre Seele dem Herrn, doch blieb sie standhaft, und sah dem Menschen keck ins Auge. „Lasst mich zu Eurem Fräulein, sage ich Euch!“, rief der Mensch nochmals. „Tut, was Ihr wollt“, erwiderte die Martiniere, „ich weiche nicht von diesem Platz, vollendet nur die böse Tat, die Ihr begonnen.“ – „Ha“, schrie der Mensch auf und zog, giftige Blicke schießend auf die zum Tode geängstigte Frau, das Stilett heraus. „Jesus!“, rief sie, den Todesstoß erwartend, aber in dem Augenblick ließ sich auf der Straße das Geklirr von Waffen, der Huftritt von Pferden hören. „Hilfe, Hilfe!“, schrie die Martiniere. „Entsetzliches Weib, du willst mein Verderben – nun ist alles aus, alles aus! Nimm! Gib das dem Fräulein heute noch – morgen wenn du willst“, dies leise murmelnd hatte der Mensch der Martiniere den Leuchter weggerissen, die Kerzen verlöscht und ihr ein Kästchen in die Hände gedrückt. „Um deiner Seligkeit willen, gib das Kästchen dem Fräulein“, rief der Mensch und sprang zum Hause hinaus.

(Nach: E.T.A. Hoffmann: Das Fräulein von Scuderi. Reclam Verlag: Stuttgart, 1969. S. 3–7.)

Margit Dietz | 45 Vertretungsstunden Deutsch | 978-3-589-23247-5